「ルフィ」の子どもたち

週刊SPA!編集部
特殊詐欺取材班

まえがき　広域連続強盗事件とはなにか

たっぷりと贅肉のついた腹。サイドを刈り上げ、頭頂部にボリュームをもたせたコック帽のような髪型。ビニールカーテンと段ボールで仕切られた狭苦しい空間で、男が裸の上半身を万年床に横たえて、スピーカー状態にしたスマートフォンに向かって話しかけている――。

2023年が明けると間もなく、私たちは、「ルフィ」と聞いても、友情に厚いあの少年漫画の主人公を思い浮かべることができなくなった。その名前が呼び起こすのは、ニュース番組が映しだす、中年男の姿に取って代わってしまったのだ。ルフィの名のもとに実行された、広域連続強盗事件が日本全国を席巻したのである。

少年漫画のルフィと、中年ルフィとの唯一の共通点と言えるのが、多くの仲間がいることだった。広域連続強盗事件の指示役として逮捕された中年のルフィは、今村磨人、渡邉優樹、藤田聖也、小島智信の4人。その犯行形態がまた私たちを驚かせた。

日本各地で強盗事件をひき起こすにあたり、そもそもルフィたちは国内にいなかった。

日本から約3000キロ離れた、フィリピンの首都マニラ近郊にある入国管理局傘下の「ビクタン収容所」。ルフィたちはここで、当局によって身柄を拘束されていたのである。

彼らは入管職員に賄賂を渡し、いくつものスマホを入手。やはり賄賂を使って収容施設内でVIPルームを確保し、そこからロシア発のメッセージアプリ「テレグラム」で日本の実行犯をコントロールしていた。念のために記せば、彼らが使っていたテレグラムのアカウント名の一つが「ルフィ」だった。

ルフィたちにとって、収容所はある意味で安全地帯だった。賄賂さえ握らせれば、外部から豪華な食事を調達できたし、賭け事や女を抱くことすらできた。彼らに潤沢なカネをもたらしたのは、強盗による収益もあっただろうが、そうした犯行に手を染める以前の彼らの〝過去〟もまた関係していると考えられる。

ルフィたちがフィリピンの地を踏んだきっかけは、オレオレ詐欺に代表される特殊詐欺を行うためだったとされる。「ルフィ」のメンバーのひとりである渡邉は、2018年ごろにはフィリピン国内に拠点を設け、日本国内の高齢者宅などに詐欺の電話をする多数の「かけ子」たちを組織していた。やがてそこに今村らが加わっていった。

警察庁の発表などによると、彼らがだまし取ったカネは、2018年11月から202

0年6月までで60億円あまりにのぼった。ただ、この間、フィリピン当局によって、詐欺の拠点が摘発を受けると、新型コロナウイルスの世界的な流行も加わり、日本からかけ子を呼び寄せることが難しくなった。さらに、日本国内で特殊詐欺対策や啓発が進んだことで、だまし取る金額が目減りしていくと、特殊詐欺よりも確実にカネを奪うことができる手段として、強盗が選択されるようになったとみられる。

ルフィたちによる強盗事件がセンセーショナルに受け止められたのは、空間的にも時間的にもそれまでの常識を超えた、こうした犯行の実態にあったことは間違いない。

一方、この犯行の〝主役〟は4人のルフィだけではない。2023年12月時点で、日本の警察当局による広域連続強盗事件の捜査は一応の区切りを迎え、8つの事件が立件されている。そして、ルフィたちの指示に従った実行役として44人の男女が逮捕された。2023年12月6日付朝日新聞によると、8件の被害総額は約1億7300万円に及ぶ一方、報酬を受けとることができた実行役は半数以下の19人にとどまり、彼らが手にした金額も、被害総額の1割あまり、約2000万円でしかなかったという。

犯罪に加担した彼らの末路に同情することはできない。彼らの多くは、SNSで「日当100万円」などという闇バイト募集の投稿に惹かれてルフィたちに連絡を取っている。カネに目がくらんで足を踏み入れた先で、金品を奪うだけでなく、高齢者に暴力を振るい、その果てに殺害に至ったケースもある。

だが、ルフィたちによって犯行に駆り立てられた挙げ句、ちり紙のように使い捨てられた人生があったことも事実だ。

本書は、44人の実行役のうちの9人と、類似犯3人、そしてひとりの指示役の人生に焦点をあてたルポルタージュである。記者たちは、彼らの肉親や友人、職場の仲間らを訪ね歩き、その証言に耳を傾けた。彼らの物語を憐れむのか、自業自得だと得心するのか、被害者のことを思って怒りの感情をあらわにするのか。本書が明らかにする事実をどう受け止めるかについては、この本を手にとってくれた読者の判断に委ねたい。

ただ、この事件の取材をとおして、ひとつだけ記者たちが期待したことがある。それは、膨大な広がりをもつこの事件に関わった男たち、女たちを追うことで、この時代のイメージが浮かびあがらないか——ということである。脚光を浴びることになった重大事件、凶悪事件には、否応なく、その時代がまとう空気や匂いが封じ込められる。ルフィと、彼らの指示によって操られたその〝子どもたち〟が引き起こした広域連続強盗事件もまた、そうした事件の系列に連なるに違いないはずだからである。

目次

※被疑者、被告人については現在も捜査や裁判が続いているため司法の公正な判断が待たれます。本書においては報道上、社会的意義のあるものとして彼らについて取り上げます。なお、本文中の敬称等は略し、年齢、肩書などは原則的に事件当時のものを掲載しています。

ルフィらが関与・起訴された事件

1 2022年5月2日 京都府京都市 高級時計店強盗事件

ブランド時計専門店に押し入り従業員を脅し、ハンマーで商品ケースをたたき割りロレックスなど腕時計41点、約6900万円相当を奪う。その後実行役や監禁役などとして男女14人が逮捕。うち13人が闇バイトでの応募だった

2 2022年10月20日 東京都稲城市 強盗致傷事件

40代男性宅に宅配業者を装い押し入り、30代の妻を「騒ぐな」と刃物で脅迫。両手を粘着テープで縛り、暴行を加えけがを負わせたうえ、寝室から現金約3500万円と金塊などを奪う。その後、実行役などとして8人が逮捕

3 2022年11月7日 山口県岩国市 強盗未遂事件

男5人が鍵のかかっていない部屋から民家に侵入。住民の両手首を結束バンドで縛るなどして、金品を奪おうとしたが、家主の男性が日本刀を持ち出すなどして抵抗し、未遂に終わった。実行役5人はその後、全員逮捕

4 2022年12月5日 東京都中野区 強盗傷害事件

40代男性の住宅に宅配業者を装い男6人が押し入り、住民男性の顔を殴りけがを負わせ、クローゼットにあった現金約3000万円を奪う。その後、指示役、ドライバー役も含め8人が逮捕

5 2022年12月21日 広島県広島市 強盗殺人未遂事件（広島事件）

高級時計の買取店兼住宅に数人が押し入る。モンキーレンチで50代男性の頭を殴打。店内にいた男性の両親にも暴行し重軽傷を負わせたうえ、現金約250万円と腕時計等2400万円相当を奪い逃走。被害男性は脳挫傷などで重体（2023年12月時点）。実行役8人と売却役1人が逮捕

6 2023年1月12日 千葉県大網白里市 強盗致傷事件

千葉県大網白里市のリサイクルショップに男2人が押し入り「金庫はどこだ」などと言って、店長の顔を殴り、頬や鼻の骨を折るなどのけがをさせる。男らは3分ほど店内にいたが、店長が抵抗したため何も奪えずに逃走。実行役2人、運転手役1人が逮捕

7 2023年1月19日 東京都狛江市 強盗殺人事件（狛江事件）

宅配業者を装った男3人が住宅に押し入る。住人の90代女性が暴行を受け、住宅の地下室で両手を結束バンドで縛られ死亡。住宅は全ての部屋で物色された形跡があり、腕時計など約60万円相当が奪われた。実行役など7人が逮捕

8 2023年1月20日 東京都足立区 強盗未遂事件

住宅の窓ガラスが割れ何者かに侵入される被害。周辺の住宅には前日に警察官をかたって資産状況を聞き出す「アポ電」があり、不審に思った住人が警視庁に相談・避難していたため、犯人と顔を合わせることはなかった。実行役4人、かけ子2人が逮捕

※2024年2月1日現在

第1章

逃げてばかりの人生

——加藤臣吾（24歳・職業不詳）

ビジネスホテルの3人組

2023年1月19日夜10時ごろ、東京都北区内の駅から少し離れたところにあるビジネスホテルに3人の若い男が現れた。「チェックインを」と告げると、フロントから渡された宿泊名簿に年長者と思わしき一人が氏名・住所を書き込む。その間、右端にいた短髪の男は人懐っこさすら感じさせる口調で喫煙所の場所をフロントマンに訪ねていた。そして、もう一人の華奢な男は手持ち無沙汰の様子でスマホを覗き込んでいる。

3人ともマスクはしていたものの、いわゆる鼻マスクの状態で、顔を隠す様子などは全く見られない。この時点ではフロントマンが不審に感じるようなことはなかった。ただ、大きなリュックを背負っていたことだけが印象的ではあったが、やましさを感じさせることもない〝普通〟のグループだった。そして3人は、部屋のキーを受け取ると軽口を叩きながらエレベーターに乗り込んで行った。

同時刻――世間はある事件に釘付けとなっていた。夜のニュース番組をジャックするかのように、東京・狛江で起きた強盗殺人事件が報じられていた。テレビ各局ともトップニュース扱いで、記者による中継も交えた報道が繰り広げられていたのだ。この日発覚した「狛江強盗殺人事件」は、事件発覚の経緯からして異常だった。

別の強盗事件で千葉県警が逮捕した男のスマホに、狛江の被害者宅の住所とともに「狛江に2時」「地下に金がある」と残されていたことから、警視庁に連絡が入り、警察官が駆けつけたことで事件が発覚。そして住人の大塩衣与さん（90歳）の遺体が見つかった。死亡推定時刻は警官が駆けつけるわずか4時間前。すでに家の中は散々に荒らされていたため、正確には何が盗まれたかすらわかっていないが、少なくとも時計３本、ダイヤの指輪ひとつ、計60万円相当がなくなっていた。

その大塩宅には捜査に入った警察官ですら目を背けたくなるような、残虐な暴行の痕が残っていた。結束バンドで縛られた被害者の全身には無数の打撲痕があり、左肘は開放骨折（折れた骨が皮膚を突き破り露出している状態）という、交通事故にでも遭わなければ起きないような状態になっていた。しかも、凶器を使った形跡がなかったことから、犯人たちは殴る、蹴るだけではなく踏みつけるなど、ありとあらゆる残虐な暴行を加えた可能性が高いと推察された。

住宅内から４人分の靴跡が見つかっていることからして、実行犯は４人と考えられているが、４人もの男に囲まれて暴行の限りを尽くされた90歳の高齢女性の無念を思うと、この事件の異常さが際立つ。

しかし、一連のルフィ事件をめぐっては、この事件がいくつかの分水嶺になったことは間違いない。

一つは、それまで全国で散発的に起きていた強盗事件が同一グループによる犯行だと警察当局が認識したこと。そしてもう一つが、狛江の事件を機に警察は明らかに目の色を変えて、他の強盗事件に対しても捜査に本腰を入れるようになった。

こうした場合には、警察から報道陣へのリークが相次ぐ傾向にある。いわゆる「世論捜査」に近い手法だ。翌日には、大手メディアは実行犯に指示を出していたのは「ルフィ」と名乗る人物だと報じるようになっていた。

ついにルフィ率いる強盗団による広域連続強盗事件が白日の元に晒されたのだった。

「ルフィ」一色になった日

事件からしばらくは新聞、テレビなどの報道各社は「ルフィ」一色になっていた。テレビの画面では、スタジオに呼ばれた元刑事のコメンテーターが、「90歳の高齢女性にこれほど残虐な暴行を加えるなど前代未聞」などと繰り返し、指示役に対する一通りの見立てを述べた後に「実行犯は外国人の可能性が高いのでは」と意見を述べていた。残虐な手口イコール外国人という安易な発想でしかないのだが、実は筆者もこの時ばかりはその元刑事の言葉に妙に納得したのを覚えている。しかし、刑事の勘も記者の勘もまったくの見当はずれだと思い知るのはすぐあとのことだ。

冒頭の東京・北区のビジネスホテルの場面に戻る。実は宿泊に訪れた若者たちが、まさに狛江事件の実行役4人のうちの3人だったのだ。宿泊名簿に書いた加藤臣吾（24歳）、喫煙所の場所を聞いた永田陸人（21歳）、そしてスマホばかり見ていた中西一晟《いっせい》（19歳）。という。

その時、3人は後悔の念などみじんも見られないどころか、興奮した様子もなかったという。普通の若者にしか見えなかったのだ。実は3人が逮捕された後、ホテルの関係者に話を聞く機会があった。事件からは少し時間が経っていたのだが、その関係者はその時の様子を記憶していた。

「あの事件の犯人だったんですよね。え！　という以外の感想はないですよ。防犯カメラで当時の様子を見ても〝普通〟の若者にしか見えなかったですね。少なくとも凶悪犯というか、殺気だっているイメージとはかけ離れていましたから。そういうものなんですかね？　人を殺《あや》めた直後でも人間ってあんなに普通なもんですかね？」

　3人の親世代と言われても不思議ではない関係者は、こちらが記者だと知るとまくし立てるように疑問をぶつけてきた。しかし、実行犯たちを理解できないのはこちらも同じだ。相槌を打つことしかできない。

「普通の若者」でも狛江の住宅で行われたような凶悪事件を起こすのか、と問われても、その疑問を解消する答えなど当方も持ちあわせてはいない。度胸があったからこそなのか、有罪になれば「死刑」か「無期懲役」の二択しかない強盗殺人罪の量刑を知らなかった「無知」ゆえなのか、それとも犯罪に手を染めることに麻痺していたからなのか……考えたところでテレビ画面の元刑事並みの発想しか浮かんでこなかった。

　ただ、大手メディアも躍起になって取材を続けている大事件であり、いつしか実行犯たちの半生が明かされ、凶悪犯に堕ちていった「トリガー」のようなものが明かされるだろうとも漠然と考えていた。しかし、結論から述べると、そうはならなかった。

60人超の実行犯

狛江事件が警察の逆鱗に触れたこともあるのだろうが、警察は各都道府県警横断の異例の捜査を行うようになっていた。この時点で未解決だった強盗事件を再捜査し、被疑者の取り調べを徹底し、余罪の追及や、共犯者の洗い出しも行われた。

その結果、「闇バイト」に応募した実行役が民家などに押し入り、住人を縛るなど手口が類似した事件は、狛江事件の半年前から多発しており、少なくとも14都府県で30件以上発生していたことが判明した。そうなると毎日のように逮捕者が出る。狛江事件の前に逮捕されていた者もいたが、狛江事件から1か月ほど経ったころには逮捕者は延べ60人以上になっていた。そうなると、もはや大手メディアですら容疑者たちのディテールを掘りきれない。いつしか､狛江事件も「ルフィ」という名が露見するきっかけになった事件としてだけ記憶されるようになっていた。

そして、大手メディアは「ルフィ」とは誰を指すのか、実在の人物なのか、ということに主眼を置いて取材を進めるようになっていた。〝普通の若者〟がなぜこんなにもたやすく凶行に突き進んでいったのか、答えを知るためには、独自に取材を始める以外の選択肢はなかった。

　決して正義感を振りかざすつもりはないが、そうした取材には意味があるとも感じている。一連の「ルフィ」事件に関して、末端で蠢いていた実行犯たちのことを理解すればまた違った本質が見えてくるはずだし、事件の輪郭がよりくっきりとしてくるはずだ。なにせ実行犯として60人もの人間が加担している。それはもはや特別な人間が犯した事件ではない。当然、記者としてこれは〝大きな仕事〟になると、はやる気持ちを抑えられなかったことは否定しない。

　取材の1人目は加藤臣吾と決めていた――。それは前述のホテル関係者のひと言が忘れられなかったからだ。

半笑いの容疑者

「ビジネスホテルというのは当然、出張のお客様がほとんどなのですが、独特な雰囲気でホテルに来られる方が多いんです。ひと仕事終わった充実感を漂わせて、これから飲みにでも繰り出すぞというような。あの加藤臣吾はまさにそんな雰囲気でした」

地方への出張が多い筆者にはビジネスホテルに入るときの雰囲気というものはよく理解できる。取材がうまくいった日には、高揚した気分を隠せずにチェックインするものだ。加藤もあの日、似たような気持ちを抱いていたのだろうか。しかし、加藤がホテルを訪れる前にやったのは取材ではない。強盗殺人、いわゆる〝ゴウサツ〟だ。

重大な罪を犯しても、おくびにも出さないニュータイプの犯罪者に、私はルフィ事件を理解するための〝最初のひとり〟にふさわしいと思ったのだ。

加藤の取材では驚かされることも多かったが、最初の驚きはその容姿が初めてメディアで晒されたときだった。加藤は別の強盗事件で逮捕されていた広島県警から、狛江事件の容疑者として、新幹線で東京に移送される際に初めてカメラに捉えられた。

屈強な刑事に囲まれ、手錠をかけられた加藤。腰紐が巻かれていた。それはよく見る凶悪犯の移送と同様だが、実際に見た本人は、様相が全く違っていた。東京駅で待ち構える取材陣のカメラに見せた姿は、ソフトパーマをかけたかのような髪型に「DIOR」とプリントされたブランド物のトレーナー。革ジャンを羽織り、時折半笑いでマスコミのカメラに視線すら送るサービスぶり。ネット民たちの中には「イケメン」と声をあげる者も少なくなかったが、少なくとも筆者はテレビの前で腰を抜かした。

加藤は曲がりなりにも強盗殺人事件の容疑者だ。余罪もあるだろう。そうなると死刑か否かの瀬戸際に立たされていると言っても過言ではない。通常、こういうケースでは、少しでも情状酌量を得るために反省しているようなそぶりを見せるのが普通の容疑者なのだ。それがテレビに映る加藤の姿のなんと図々しいことか。

一体何者なのだ――記者としての好奇心が掻き立てられていくのを感じていた。

ふてぶてしい態度

取材を始めてすぐ、この時の加藤のふてぶてしい態度の意味を教えてくれた人物と出会うことができた。加藤とは事件前まで連絡を取り合っていたという旧知で千葉県在住の男性Aが興味深い話を聞かせてくれた。

「狙ってふてぶてしい態度をとったわけではないと思いますよ。もちろん死刑を覚悟していたためでも、最後に見栄を張ったわけでも……。加藤の人生は今まで逃げてばかりの人生ですから……逃げ場がなくなったときの態度がわからなかったんだと思います」

筆者はその時、Aの加藤に対する見立てがすぐには理解できずにいた。

「逃げてばかりの人生」――それは筆者も含め、加藤に限ったことではないのではないか。誰でも大なり小なり逃げ出したことはあるはずだ。ただ加藤の「逃げる」という行為自体が〝度を越えていた〟ということがその時点では理解できていなかったのだ。

加藤が幼少期を過ごしたのは、東京から荒川を隔てた埼玉県川口市だ。東京から近いこともあり、新しい住宅が並んでいる、近年ベッドタウンとして再注目されている地域。加藤はその街の古いアパートに住んでいたというが、街の移り変わりを反映しているかのように、その古びたアパート周辺も新しい住宅が立ち並んでいた。

時折見かける古い住宅を見つけてはインターホンを鳴らすが、加藤を知っている人は全く見つからなかった。ただ、それはある程度覚悟していた。加藤の両親は加藤が小学生だったころに離婚していて、一時期、荒川をさらに下った千葉県内で暮らしていたり、複雑な家庭環境のもと育ったということを聞いていたからだ。中学時代の同級生Bが証言する。

「たしか『カトシン』って呼ばれてたと思います。親の都合で何度も引っ越しをしたって言ってました。中学1年か2年のとき、たしか千葉のほうから川口の中学校に引っ越してきたんですけど、『川口に来るのは初めてじゃない』というようなことを聞いた覚えがあります。引っ越してきたとき、父親と妹と一緒だったような気がします。カトシンは見かけはおとなしそうなんですけど、万引きとかをしでかすヤツで、結局、父親が面倒見切れなくなって、再び母親が住む千葉に越していきました。『父親のことが嫌いだから、離れられてせいせいする』と言い、飄々と学校を去ったのを覚えています」

女、ネット配信、ホスト

千葉の母親の元に戻った加藤だが、その母親との関係もよくなかったようだ。加藤は定時制の高校に進むも中退。その後は再び埼玉に戻り、建設現場で働くなど転々としていたようだ。

しかし、そんな加藤にも地に足をつけて生きた時期があった。19歳のころ。同年代の女と千葉で同棲するようになっていた。女には連れ子がいたが、その子どもともうまくやっていたという。現場での仕事は肉体的にはつらいが、子育てに楽しさを感じていた。

「これからもずっと愛していますよって　あ、これノロケね」

その当時、ＳＮＳにはこんな書き込みとともに同棲相手の女とキスをしている写真をアップした。リア充を精いっぱいアピールしてるかのような書き込み。なお、そのSNSには連れ子と見られる子どももたびたび登場している。しかし、不満がなかったわけではないようだ。当時の仕事仲間Cはこう明かす。

「そりゃあ生活は苦しかったと思います。19歳で職人見習いの給料は20万円に満たなかったと思いますよ。それでも普通はそれが自分の選んだ道だからって辛抱するもんですけどね。ただ加藤はブランド物が好きなようで、現場にブランド物の服を着てくるんですよ（笑）。カノジョはよくこんなの許すな、って噂になってましたよ」

無類のブランド物好きも、自由に給料を使える環境でもなければ、そもそも給料が多くはない。そんなとき、加藤が頼ったのはネットのライブ配信だった。ファンを獲得し、投げ銭をもらうという仕組みだ。そこで加藤は〝そこそこ〟に成功していた。

〝そこそこ〟というのは家族を養えるほどではないが、月に1つ2つブランド物を買う程度の収入を得られるということだ。しかし、「そこそこの成功」で、加藤は妙な自信をつけた。しばらくすると大阪に行き、ホストの仕事に就いたのだ。その時、同棲していた女は妊娠していた。成功して家族を呼び寄せる。自分はネット配信の成功者だ。持ち前の話術できっとうまくいく――根拠のない自信が加藤を大阪に向かわせた。

しかし、その目論見は外れた。ホスト店の寮での集団生活にもなじめなかった。来る日も来る日も指名は取れず、むしろ収入は職人見習いをやっていたときのほうが多かった。身重で待つ千葉の女に仕送りもできない。しかし、ブランド物は欲しい……。

加藤は寮の同僚ホストのブランド物を物色し始めた。盗みを働いたのだ。すぐに発覚したが、内輪で解決できた。しかし、加藤が接客をしていたとき、客の財布からカネがなくなるという事件が起きた。噂はすぐに広がる。当然、真っ先に疑われたのは加藤だったが、頑なにこれを認めなかった。しかし、加藤の身は日に日にブランド物で固められていく。これらをやすやすと身につけられるほどの指名客などついていないはずなのに――。

無免許、物損事故

ホスト生活は長く続かなかった。加藤はある日、同僚の車を無断で運転し物損事故を起こして逮捕された。加藤は運転免許すら持っていなかったのだ。千葉で待つ女のお腹が日に日に大きくなっていった。もう臨月だった。連れ子ではなく、自分の子どもがもうすぐ生まれる、そんな大事な時期だった。

ホスト店側も解雇を決めていたという。加藤が次に店に現れたら解雇を告げる、幹部の間ではそう話がまとまっていた。ところが、加藤は挨拶に訪れるどころか、そのまま姿をくらます。逃げるようにして千葉に帰ったのだ。同僚ホストは唾棄するように言う。

「加藤のせいで、どれだけ皆が迷惑したかわかってないのかよ、って思いました。店の評判もガタ落ちだし、先輩たちの中には加藤に目にかけてる人もいたんですよ。人としてどうなんですかね。ルフィ事件の一報を聞いた時、『あぁ、あいつならやりかねないな』と思ったのが本音ですよ」

そんな加藤でも、再び受け入れてくれる場所があるのだから、救いはあったのかもしれない。数か月後、加藤はホストになる前に働いていた千葉の会社に頭を下げ、再び職人見習いとして受け入れてもらった。しかし、その会社も1週間ほどで辞める。辞めるという言葉は正確ではないかもしれないが。

無断欠勤。そして、会社の人間からの電話にすら出なくなった、つまり飛んだ（逃げた）のだ。それでも身重の女だけは加藤を受け入れていた、父親になったからだ。子の親として受け入れたのだ。

そうなれば加藤も乳飲み子のために働かざるを得ない。地元のツテを頼り、別の土木関係の会社に就職した。面倒見のよさそうな、昔気質の親方が仕切る会社だった。親方は加藤の仕事が長続きしないことを如実に表す履歴書を一瞥して、顔を曇らせたが、子どもが生まれたばかりと聞いて採用を決めた。当時その会社で同僚だったDが明かす。

「全くの期待外れでしたね。やんちゃな人間はこの業界には多いんですけど、どんなに悪さをしていた子でも、自分の子どもが生まれるときには一生懸命やるもんです。でも加藤は変わらなかったですね。散々な目に遭いましたよ……」

働き始めた加藤は1週間もしないうちに遅刻をするようになっていた。遅刻の言い訳も「父親が死んだ」など、誰もが虚偽だとわかるようなもの。遅刻ばかりか、何かと理由をつけては仕事を休むようになっていた。たまに顔を見せれば「今日から真面目にやります」と口先だけでその場をやり過ごす、そんな日々だった。Dは続ける。

「来たら来たでそれは厳しく言いますよ。現場で気を抜いたら命にかかわりますからね。でも、こっちが何かを言うとイジけて黙り込む。昼休みのときとか、雑談しているぶんには、普通の若者って感じはしましたよ。本当かどうかわからないですけど、母親が夜の仕事をしていて、ブランド好きだから、『自分も母親に似てブランドが好きなんです』というようなことを言っていたのを覚えています」

週に一度は欠勤するものの、自ら辞めるということはなかった。仕事を続けていく気があるのかないのか、誰もが測りかねていたころ、会社の工具が少しずつなくなっていることが発覚した。工具は専門店で売ればそれなりの値段がつく。さらには同僚の財布からカネが消える事件が相次いだ。それと相反して加藤のブランド物が増えていく。

大阪のホスト店では「疑わしきは罰せず」という性善説とでもいうべき対応をとっていたが、ここは少々荒っぽい職人の世界。「カネを返せ」とまでは面と向かって言わなかったものの、親方が大目玉を食らわせた。

なんとか心を入れ替えて働いてくれれば……先輩たちはそう願って情をかけたが、それが通用する男ではなかった。加藤が働き始めてから3か月ほど経ったある日、加藤から一本の電話が入った。

再びの無免許運転、自損事故

「車が当て逃げされてます!」。驚いた親方はすぐに駐車場に車を見にいった。ハイエースの横っ腹に大きな凹みと擦り傷。さらにフロントグリルがなくなっていた。その傷はどう見ても当てられてできたものではなかった。それなりのスピードで走り、何かとぶつからなければできないような大きな傷だった。親方はすぐに加藤を疑って問い詰めたが、一向に認めない。「駐車場に止めていただけですけど、ぶつけられたんだと思います」。加藤は警察にも臆することなくそうした説明を繰り返していた。

数日後、警察からハイエースのフロントグリルが事故現場で見つかったと連絡が入った。ガードレールに衝突したキズがあったものの、警察への通報はなく、現場にフロントグリルだけが落ちていたという。

加藤は自らが運転して事故を起こしたことを認めた。無免許運転の加藤の事故では、保険金は下りず、車は会社持ちで修理せざるをえなかった。全額とは言わぬまでも、修理代の一部を加藤に負担してもらおうとしたが、加藤とは連絡が取れなくなった。親方はためらいつつも加藤の母親に電話をかけ、事の顛末を話した。しかし母親は「私は関係ないので知りません」と冷たく言い放ったのだ。

その後、加藤はいくつかの土木関係の会社に就職しては、遅刻を続け、居づらくなっては逃げる、ということを繰り返した。

唯一守ったのはライブ配信で小銭を稼ぐことと、同棲していた女の間に生まれた子、そして女の連れ子との関係だった。

2人目の女

２０２０年、世間が新型コロナウイルスの脅威に怯えていたころ、加藤に変化が見られ始める。２０１９年12月に千葉で同棲していた女と2人の子どもの4人でクリスマスパーティを開いた写真がＳＮＳに上げられたのを最後に、３人は見られなくなった。

「んぁぁ　わての女可愛ええやろ?な?」（加藤のXより 原文ママ）

子供たちとのクリスマスパーティからわずか2か月後、見たことのない女がＳＮＳ上に現れた。女を「むー」と呼び、自らは「あちょ」を名乗った。「むー」と「あちょ」がいかに愛し合っているかを延々とＳＮＳにアップし続けた。スマホの画面を少しスクロールすれば、自分の子をけなげに育てる千葉の〝元恋人〟が出てくる。

小金を稼いでいたライブ配信のペースも落ちてきた。コロナ禍でライブ配信が一気に普及、大勢のライバルが現れた。飽きられたこともあっただろう、小銭すら稼げなくなっていた。そして、２０２０年末ごろを境にＳＮＳから「むー」も消えた。

２０２１年春には再び大阪に舞い戻り、ホストの道に入る。しかし、コロナの感染源として夜の街がやり玉にあがっていた時期のこと、そのホストクラブも通常営業を自粛した。看板の明かりを消し、常連客だけを呼ぶ「地下営業」に勤しんでいた。そうなると指名客を得るチャンスが回ってこない。それに嫌けがさしたのか、すぐに夜の街から消えた。狛江事件後、働いていたホストクラブの関係者Ｅがテレビの取材に答えている。

「話はうまかったですよ。経験者なのでそれなりに戦力になっていたのは確かです。ただ、手くせが悪くて同僚からは評判が悪かったですね」

手くせが悪い――Ｅは詳細を語らなかったが、おおよその予想はつく。ほどなく加藤は女の家を転々とする「ヒモのような生活」を送るようになっていった。この時周囲には「ゲームのチートのアカウントを外国人から買い、それを転売している」と話していたという。そのアカウントがＢＡＮ（禁止）され、客とトラブルになったこと、居候先の女とトラブルになったこともあったが、「逃げてしまえば誰も追ってはこない」と笑いながら吹聴する加藤の姿を知人は覚えていた。

「100万円稼いだ」

2021年の暮れ。住居を転々としていたはずの加藤は、どこで手に入れたのか大金を所持していた。このころ、連絡を取り合ったという知人Fは驚きと不審感を隠さない。
「今月は100万円稼いだって言っていて、実際に財布に100万円ぐらい入っているのを見せてもらったことがあります。家にはブランド物の服とかバッグも転がっているんですよ。『それ、どうしたの？』って聞いたら、『ゲームの代行で稼いでいる』って。3時間で5000円になると説明していました。でもなんか妙で、計算してみたら、休みなく一日21時間ゲームをしていないと月に100万円なんていかないんですよ。こいつ絶対ヤバいことしてるな、って思いましたね」

逮捕後に発覚するのだが、加藤は少なくとも2021年7月には、いわゆる闇バイトに手を染めていた。警察が押収したスマホに闇バイトの指南役とやりとりした記録が残っていた。知人が見たという札束は、闇バイトで稼いだものと見るのが普通だろう。そしてこの先、2023年に逮捕されるまで、闇バイトが加藤の収入源となっていったのだ。そして、大金を得るようになった加藤は、自らを〝成功者〟としてアピールする

臣。@qunqun_0702 · 2022/09/15
フリーランスって最高だな
今年終わるまでに月収100万目指す。
1

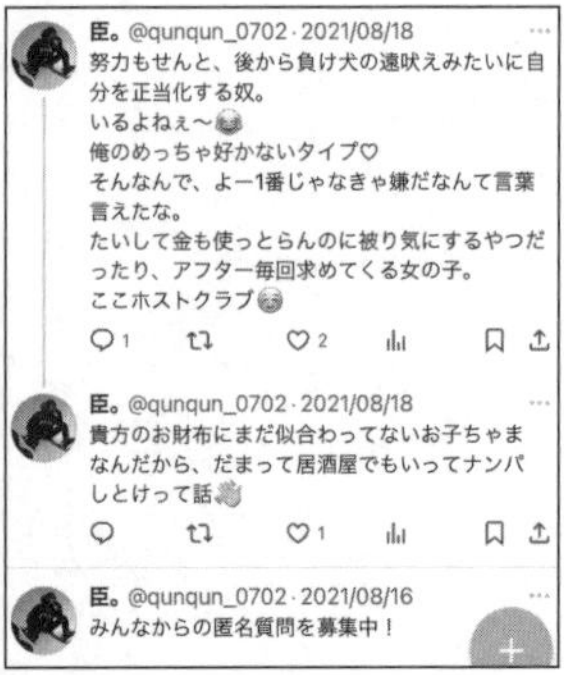
臣。@qunqun_0702 · 2021/08/18
努力もせんと、後から負け犬の遠吠えみたいに自分を正当化する奴。
いるよねぇ～
俺のめっちゃ好かないタイプ♡
そんなんで、よー1番じゃなきゃ嫌だなんて言葉言えたな。
たいして金も使っとらんのに被り気にするやつだったり、アフター毎回求めてくる女の子。
ここホストクラブ
1
2
臣。@qunqun_0702 · 2021/08/18
貴方のお財布にまだ似合わってないお子ちゃまなんだから、だまって居酒屋でもいってナンパしとけって話
1
臣。@qunqun_0702 · 2021/08/16
みんなからの匿名質問を募集中！

加藤のSNS（X）より

ことに執着するようになる。

「努力もせんと後から負け犬の遠吠えみたいに自分を正当化する奴。いるよねぇ～」（加藤のX原文ママ）

加藤という男の素がある程度理解できたところで、「加藤は逃げまとう人生を送っていた」と言っていた知人Aに再び連絡を取った。「『逃げてばかりの人生』と言っていた意味がちょっとだけわかった気がする」と話の水を向けると、Aは我が意を得たりとばかりに話し始めた。

「何か困ると連絡を絶って逃げる、それの繰り返しですよ。どれだけ他人に迷惑をかけようとあいつには関係ないんですよ」

なぜそんな性格になったのだろう。そんな兆候はなかったのか？　と問うと、しばしの沈黙のあ

と、意を決したようにまくしたてた。

「生まれつきと言われればそれも納得できます。あの性格が形成されたというなら、それは育った環境も関係あるんじゃないですかね。加藤の妹が障がいを持っていると小耳に挟んでいましたし。両親はその妹の世話にかかりっきりで、兄である加藤は両親にほっておかれた気持ちになり、寂しさみたいなのがあったんじゃないですか？　まぁそれがあんなに卑劣な強盗殺人をやる理由になるとは思えませんけど」

父の証言

関東地方のとある中核都市。筆者は、加藤の父親が住んでいる場所を突き止めた。古びた二階建てアパート。駐輪場には原付バイクが埃まみれで止まっている。明らかに乗っている形跡はない。

前出のＡが言ったことが引っかかっていた。加藤は幼少期に両親からどんな言葉をかけられ、そして育ってきたのかを知りたいと思うようになっていた。埼玉、千葉、大阪を漂流してきた加藤は、同じ人間と継続して過ごしたという経験がないのだろう。ＳＮ

Sで仲睦まじかった「むー」、千葉の女、その女との間にもうけた実子の前からでさえ逃げている。父親なら、加藤に対してなにか語ることがあるだろう。筆者はそんな思いを抱いてアパートの階段を上り2階の部屋に向かった。薄暮の中、明かりが漏れている。玄関横にはすりガラスがはまった大きな窓がついていた。

インターホンは鳴らさずドアをノックした。すりガラス越しに人影が見えているのだからわざわざ鳴らす必要もない。

緑色の大きな人影が動く。おそらくジャージか何かを着ているのだろう。その緑の塊がゆっくりゆっくり息を潜めて玄関に近づいてくるのがすりガラス越しに見える。玄関の向こうで一瞬立ち止まる。返事をするべきか無視するか、思案しているように見えた。

そのタイミングでもう一度玄関をノックして名乗った。

――加藤臣吾さんについて話を伺いたいのですが……。

返事はない。息を潜めたままの緑の人影。返事を待たずに質問を続けた。

――臣吾さんは息子さんだと思うのですが、非常に大きな事件の容疑者になっています。お話を伺わせていただけないでしょうか？

居留守は通じないと観念したのだろう。消え入りそうな声が返ってきた。「関係ありません。私には関係ありません……」。関係者を通じて、ここが父親の住む場所だと確認を取っている。人違いなら「関係ない」とは言わないだろう。

――狛江では人が亡くなっています。それ以外にも強盗事件で被害者が多数いる可能性があります。せめて、そういった方に向けてお話しすることはございませんか？

「全然会ってませんから……ずっと連絡もなかったですし」

息子・臣吾との関係は認めたものの、声が小さい。気がつくと筆者は耳を玄関ドアにくっつけていた。

――息子さんということは認められるのでしょうか？

「……私は、この家を預かっているだけだから……。よくわからないんですよ」

やっとのことで絞り出したであろう言葉に、不覚にも噴き出しそうになった。そんな〝言い訳〟が通じるとでも思っているのだろうか。しかし、ドアの向こう側の〝父親〟はこう続けた。

「ですので、お引き取りください」

今度ははっきりと確認できる声量だった。ドスの効いた低い声。筆者はそれで切り上げることにした。諦めたわけではなく、もう十分だと思ったからだ。

「闇バイト」の形跡

加藤の半生を取材してきたなかで幾度と聞いたのが「その場しのぎの嘘をつき、逃げ続ける」という加藤の生き方だった。取材に応じた何人もが「あいつには迷惑をかけられた」と訴えた。加藤の人格がどう形成されたのかは知る由もない。ただ父親であろう人物との短い会話で、それを推して知ることができた。

狛江事件からすでに1年が経った。加藤のスマホには少なくとも2021年7月から闇バイトに手を染めていた形跡が残っていたが、結局起訴されたのは、狛江事件のほか広島で起きた強盗殺人未遂事件（広島事件）、そして足立区での強盗未遂事件のみだった。

それでも一連のルフィ事件で加藤が担った役割は小さくない。指示役は誰か、実行犯たちの役割はいかなるものか、解明すべきことはたくさんある。しかし、裁判が始まる見通しはまだ立っていない。留置されている加藤自身、もはや逃げることはできないと悟っているはずだ。

加藤は逮捕直前、知人にこんなLINEを送っていたことを付記しておく。

「カネがあればなんとかなるでしょ。この世の中」

第2章

連続強盗の代償

——永田陸人（21歳・土木作業員）

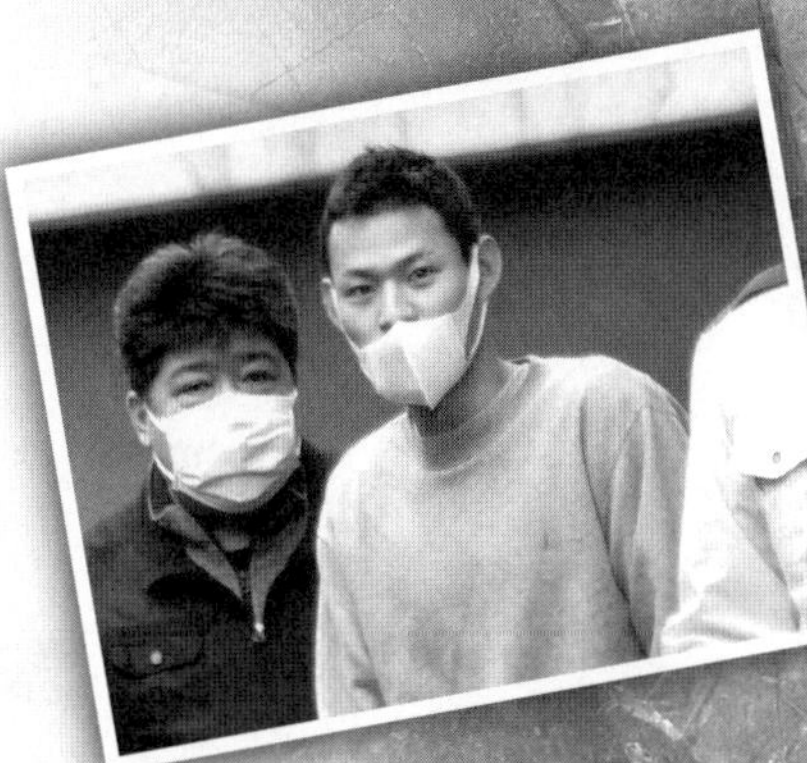

朝日新聞社

リサイクルショップでの凶行

千葉県を走るJR外房線大網駅から350メートルに位置するリサイクルショップ（千葉県大網白里市）が襲われたのは2023年1月12日のことだった。

午後6時30分ごろ、70代の男性店主が閉店準備に取りかかっていると、男の声で一本の電話がかかってきた。

「（閉店時間の）午後7時には間に合わないが、午後7時すぎに店に行きたいので開けておいてほしい」

今思うと、明らかに不審な電話ではあるが、店主は特段訝しくは感じなかった。県道20号沿いにあるこの店の前は午後7時とはいえ車の往来は少なくない。さらに大網駅前には交番も設置されている。異変があれば数分で警察官が駆けつける、そんな場所だ。だからこそ強盗などとは考えもしなかった。

しかし、その電話から1時間ほど経った午後7時30分ごろ、店にやってきたのは客ではなく、パーカのフードを被ったマスク姿の男、作田竜二（25歳）だった。「いらっしゃいませ」の言葉を発する間もないほど、作田は入店するなり店主に殴りかかった。

「強盗」と気づくより先に体に激痛が走っていた。何が起きているのか理解できない、一瞬のことだった。店主が事態を把握したのは作田が「カネを出せ」と叫んだからだった。「強盗」だと認識した店主は激しく抵抗した。自然と体が動いた。揉み合っていると、後ろにいたもう一人の男、永田陸人（21歳）が加勢してきた。そうなると70歳では若者に太刀打ちできない。暴行はさらに激しくなり、粘着テープを使って店主を縛ろうとした。しかし、強盗たちの手が小刻みに震えてうまくいかない。

そんなとっさのタイミングで、店の警報装置を作動させることができた。警報音が大きく鳴り響く。それを聞いた強盗はすぐに諦めたようだが、交番が近いことも把握していたのだろう。しくじった腹いせのようにそこにあった消火器を店内に噴射し、何も取らずに去っていった。被害こそなかったものの、店主は顔を3か所も骨折していた。

異様な雰囲気の法廷

この事件から9か月後の2023年10月19日、千葉地裁の法廷は異様な雰囲気に包まれていた。この「千葉リサイクル店事件」の実行犯のひとり、作田竜二に対する裁判が行われていたのだ。しかし、そこに集まった傍聴人も司法記者も目当ては被告の作田ではなく、証人として出廷予定だった永田だった。

千葉の事件後すぐに逮捕された2人だが、一連のルフィ事件で担った役割は対照的だったことが警察の捜査で明らかになっていた。ただ一度だけ強盗を働いた作田に対し、永田はルフィ事件の主要人物と言っても過言ではない役割を担っていたのだ。

永田はこの日までに、千葉リサイクル店事件以外に、2022年12月5日に東京・中野区の住宅が襲われ、現金約3000万円が奪われた強盗傷害事件、同年12月21日、広島市の時計販売買い取り店が襲われた強盗殺人未遂事件（広島事件）、そして2023年1月19日に発生した狛江事件、さらには同年1月20日に足立区の住宅が狙われた強盗未遂事件で逮捕・起訴されていた。しかも永田は、それらの事件で現場の仕切り役を務め、暴力行為に関しては、真っ先に手を出すなど「ルフィ」実行犯グループの暴力装置とも言える存在だったのだ。

裁判長に促され、証言台の前に立つ永田。逮捕時とは一転、恰幅がよくなったようにも見える。土木作業員だった永田の筋力が勾留生活で落ちたのだろう、丸刈りとなった頭髪がゆるんだ体の輪郭を強調している。

「押しに弱く、願いを聞いてくれると思った」

ボソボソとした声で発せられたのは、永田が実行犯グループの中で担っていたリクルーターとしての一面だった。永田は知人らに声をかけ、仲間を募っていたというのだ。

居酒屋での出会い

中学を卒業後、飲食店の仕事を転々としていた作田が永田と出会ったのは、逮捕の約3年前、2020年のことだった。作田が働いていた石川県内の居酒屋に永田が来店、いつしか話し合う仲になった。そんな作田に永田が強盗の話を持ちかけたのは、千葉の事件が起きる1週間ほど前だ。

「そんなことできるわけない、嫌だ」

作田は、一度はその誘いを断ったものの、永田は簡単には引かなかった。

「借金を一度で返せますよ」、「彼女にいいものを買ってあげられますよ」、「それに絶対に捕まりません」、「俺についてくるだけでいい――」

4歳年上の作田に丁寧だが、強引な言葉をかけつづけた。

この時、作田には100万円ほどの借金があり、人生をやり直すために、身ぎれいにしたかったのも事実だ。借金を完済して交際中の彼女と結婚しよう、そう思うようになるまでさほど時間はかからなかった。

一方の永田には、この時どうしても作田を引き入れなくてはならない事情があった。永田いわく「闇金からの借金の返済日が迫っていた」。作田以外の知人にも声をかけているが、全て断られていた。永田はこの日の法廷で「ひとりでは強盗はできないと思い、友人の作田被告を誘った」と語っていたが、明らかな嘘だった。

永田はこの千葉リサイクル店事件前の1か月間に広島と東京・中野で2件の強盗事件に加担している。報酬は合わせて少なくとも360万円あったが、そのカネはすでにほとんど溶かしてしまっていたのだ。作田が同意しなければ、この仕事は他の人間が請け負うことになってしまう。少しでも多く報酬を受け取るには、現場の仕切り役をやるしかない、そう心に決めていたのだ。

実際、作田は事件直前になって「やはり、強盗はやめたい」と永田に伝えたが、「やらないと帰れない。今さらやめられない」とすごまれたことを証言している。この事件でも現場の仕切り役は永田だったのだ。

「人生をめちゃくちゃにしてごめんなさい」

証人尋問も終盤に差しかかったころ、筆者が意外に感じる発言をした。作田に対する思いを聞かれた場面だ。

永田は「僕のせいであなたの人生をめちゃくちゃにしてしまい、ごめんなさい」と作田に語りかけたのだ。

それを聞き、咽び泣く作田。しかし筆者には、被害者への具体的な弁償方法を示すこともなく、わが身可愛さに涙を流したように感じられた。あまりにも安易に、同じ泥舟に乗った強盗犯２人の傷の舐め合いのようなやりとりは、法廷に白けた空気を運んできた（作田はその後、被害品がなかったことなどは情状酌量にあたらないと断罪され、懲役５年の実刑判決が言い渡されている）。

「人生をめちゃくちゃにした」

永田が作田に発した言葉が耳に残っていた。永田が当たり前に現実を認識していたことに一番の驚きを感じた。つまり、自分の人生もすでに「めちゃくちゃになっている」ことを、この時点でやっと理解したのであろう。

そう筆者が思ったのは、永田は、自らの罪の大きさを理解していないかのような言動を繰り返していたからだった。永田が逮捕されたのは狛江事件の翌日だった。狛江で強盗殺人を犯したその日に、加藤、中西とともにビジネスホテルに宿泊したことまでは前章で述べたが、実はその翌日にも3人は強盗を企てていた。

翌日の強盗未遂

午前中に東京・北区のビジネスホテルを出発した3人は、途中でもう一人の実行犯役、高瀬基嗣《きづく》（32歳）と合流し、足立区花畑の住宅に向かった。高瀬も狛江事件を含め、各地で強盗を繰り返していた男だ。その日のターゲットはルフィグループの幹部だと思われる「キム・ヨンジュン」を名乗る男から、秘匿性の高い通信アプリ「テレグラム」を通じて指示された住宅だった。日中は高齢男性が一人で在宅、さらに多額の現金が置いてあることは、前日に警察官をかたる「アポ電」で聞き出していた。

「キム」からはこれまでも闇バイトを何度も紹介されている。実際に大金を手にしたこともあった。永田は「キム」を妄信していた。前日に強盗殺人を犯している男たちにとっては〝チョロい仕事〟そんな感覚で向かったことだろう。

ただ、キムのメッセージが少し気になった。

「住民からの通報には気をつけてください」

実は「キム」たちは、その2日前にも別の強盗団3人をその住宅に〝派遣〟していたのだ。ただその日は郵便局員と鉢合わせしたことで断念、3人は何もできずに逃走した。誤算はそれだけではなく、その様子を近隣住民が目撃していたことだった。当然警察には通報されており、周辺の警戒が高まっていたのだ。しかし、そんなことを永田たちは知る由もなかった。指示役「キム」にとっては末端が捕まろうがどうでもいい、ただの捨て駒だ。2日前の「失敗」など伝える必要はなかったのだ。

この日はどう決めたのかはわからないが、永田が見張り役、加藤ら他の3人が住宅に押し入る役割だった。永田は運転してきたレンタカーをターゲットの住宅まで20メートルほどにある駐車場の入り口に止め、作業着を着て工事人を装った3人を送り出した。「キム」の話とは違い、いつもはいるはずの高齢男性はその日、不在だった。3人からすればイレギュラーな事態だが、あまり深くは考えなかった。のちにわかることだが、アポ電や下見のような行動を確認したことから、警察が住人に対して避難を促していた。

しかし、そんなことなどつゆほども知らない3人は住宅のガラスを叩き割り、侵入した。永田はそれを見やると、車の近くでタバコをふかす。あとはいつもと同じように3人の帰りを待つだけだった。しかし、そこにやってきたのは制服姿の警官だった。近隣住民が「怪しい車が止まっている」と通報していたのだ。

「ここで何してるの？」

「友達とメシを食いに行く待ち合わせです」

この瞬間、加藤らが戻ってきて、うまく話を合わせせられればこの警官を〝巻く〟ことができたかもしれない。しかし、誰も戻ってこなかった。住宅に押し入っていた3人は異変に気づくと早々にそこから逃亡していたのだった。

警官は任意とは名ばかりに、半強制的に車内を調べた。車の中にあったリュックからは高級腕時計「フランク・ミュラー」3本が見つかった。これは永田らが前日に狛江の住宅から盗んだものだった。警官の目の色が変わった。しかし、永田は悪びれることなく、「友達からもらったものだ」と繰り返した。

警官は永田に任意同行を求めた。前日に起きた大事件の容疑者が目の前にいるかもしれない、はやる気持ちを抑えつつも、その警官は少しばかり違和感を抱いていた。目の前の男は悪びれる様子がないのだ。言ってることは支離滅裂でも、ここから逃げようともしないのだ。永田は任意同行に素直に応じて警察署に連行されると、その場で逮捕された。凶悪犯の逮捕劇としては実にあっけないものだった。

軽い雰囲気の逮捕劇

この一部始終を目撃していた住民がいた。

「新聞を見てびっくりしました。あの男が狛江の事件の犯人だったなんて。若い茶髪の兄ちゃんって感じでしたけど、そこまでの悪者には見えなかったから。警官とのやりとりもなんかポワンとしているというか、路上駐車を咎められている、ぐらいの雰囲気でしたよ。男も「見つかっちゃった……」という感じ。笑って答えてる場面もありました。怪しい雰囲気など感じなかったかと筆者が尋ねると、住民はやや血色ばんで答えた。

「ありましたね。駐車場の入り口の真ん中に車を止めてるんですから。強盗でもやるんなら目立たないようにやればいいのに、はっきり言ってものすごく目立ってました」

繰り返しになるが、永田はこの時、各地で少なくとも４件の強盗を繰り返している凶悪犯だった。これは筆者の推測でしかないが、逮捕されてもなお、永田は自らの罪の重さを自覚していなかったのではないだろうか。大きな事件の国選弁護人を受け持ってきた弁護士に話を聞いたことがある。

「接見して被疑者に初めに話すのは、逮捕された罪状に関すること。自分が受け持つのは殺人とか重罪ばかりだが、殺人で有罪になると、このぐらいの判決が出る可能性になるということを包み隠さずに話す。そのうえで弁護方針を決めていくのが通常の流れだ」

永田も警察署の留置場でこうした弁護士と面会しただろう。訪ねてきた国選弁護人から自らが犯した罪の重さについて聞かされたことだろう。

弁護士は極めて冷静に、容疑者の置かれた立場や、逮捕容疑について説明する。

「強盗が、人を負傷させたときは無期又は6年以上の懲役に処し、死亡させたときは死刑又は無期懲役に処する」

刑法第240条の規定に当てはめれば、強盗殺人で逮捕された永田は、無期懲役もしくは、死刑判決が下される可能性が極めて高い。

そうした事実を、永田はどう受け止めたのか。

しかし、その後永田は送検時に、待ち構えたマスコミに対し、車中から中指を立てて見せたり、新幹線での移送では、薄ら笑いを浮かべ「すごいっすね。楽しい、楽しい」と意味不明な言動を見せるなど、挑発を続けていた。果たしてそれは死刑判決は受けないという自信があるのか、それとも破れかぶれだったのか。

「格下げ」された罪状

しかし、実際の司法手続きは永田に有利に進むことになる。実は狛江の強盗事件は逮捕段階では「強盗殺人罪」だったのだが、起訴段階になって「強盗致死罪」に〝格下げ〟されていたのだ。原則をいえば強盗殺人も強盗致死も量刑は同じく無期懲役もしくは死刑なのだが、これまでの判例からすれば、殺意がなかったとされる強盗致死罪のほうが、量刑が軽くなる傾向にある。さらに、情状酌量が認められたり、遺族に慰謝料を支払うなどすれば、強盗致死では有期刑になることも珍しくないのだ。

最高裁判所の資料によると、強盗致死罪で有罪が言い渡された30の事件のうち、無期懲役が6件、死刑はゼロだが、強盗殺人罪で有罪になった80の事件では、無期懲役が65件、死刑が5件と圧倒的に量刑に差がついているのだ（「最高裁判所　量刑分布等について。※平成20年4月1日~平成22年3月31日の判決宣告文より)。

このころ筆者はある大手メディアの司法担当記者と安酒場で永田をつまみに酒を酌み交わす機会があった。その記者は焼酎のグラスを傾けながらこう言った。

「検察は、狛江事件を強盗殺人で起訴できなかったことをやっぱり悔しがっていましたよ。死刑判決を取れる可能性がかなり低くなったから……」

検察の中には死刑判決こそが最大の犯罪抑止と信じて疑わない者が少なくない。その是非はともかく、永田はルフィ事件を象徴的する容疑者とされ、死刑判決が出て当然とされていたと言うのだ。司法担当記者は続けた。

「やはりルフィグループでフィリピンより強制送還された幹部4人は死刑判決を狙うとして、実行犯の誰かから死刑判決を取らないと警察、検察は面目丸潰れと思っているんじゃないか。そうなると現実的には狛江事件の実行犯の誰かってなるけど、一番余罪が多そうな永田が現実的だ」

その後、確かに検察の〝意地〟を感じさせる事態が起きた。広島で永田が関わった強盗事件である。6人の実行犯のうち、5人が強盗傷害で起訴され、永田のみが強盗殺人未遂に〝格上げ〟起訴されたのだ。それはまさに異例のことだった。

広島・時計店強盗事件

２０２２年12月21日、広島市西区の時計販売買い取り店舗兼住宅に、６人の男が押し入った。永田はここでも現場の仕切り役を担っていた。この事件ではレンタカーの手配や見張り役などが２人。そのほか、住宅に押し入る実行犯の６人が仙台、東京、大阪などから集められていたのだが、住宅に押し入る直前まで指示役の「キム」と連絡を取り合っていたのが永田だった。

そこに集まった18歳から30代前半の６人は「闇バイト」の募集サイトで応募してきた人間だった。現場の仕切り役の永田はこのなかでは年齢こそ若いほうだったが、強盗の経験は誰よりも豊富だった。

初めて強盗に入るという者は、緊張のあまり手を震わせていた。それを察したのだろうか、現場に向かう道すがら、永田はスマホをスピーカーモードにして、全員に電話の声を聞くよう命じた。スピーカーからは「キム」を名乗る指示役が檄を飛ばしていた。

「殴ったり蹴ったりしないと報酬はあげないから。みなさん、容赦なくやっちゃってください！」

その言葉で覚悟が決まったのだろうか、宅配業者を装った男たちは、躊躇なく店に押し入っていく。店内には従業員の男女3人がいたがお構いなしだった。とくに容赦なく暴行をはたらいたのは永田だった。

永田はモンキーレンチを使い、経営者の50代男性の頭部をしたたかに殴打した。男性はすぐに意識を失いぐったりとなる。脳挫傷だった。男性はその日から現在に至るも意識不明の重体になっている。

一方、男性が殴られ昏倒するのを目前で見せられた残りの従業員2人は恐怖で固まった。とくに抵抗することもなく、現金約250万円、腕時計など137点、2400万円相当、店内のありったけの金品を差し出した。

この事件では珍しく、実行役の報酬が明らかになっている。

押し入った6人のうち、仕切り役以外の4人には60万円、永田ともう一人の仕切り役には110万円ずつが現金で渡っている。この報酬が高いか安いかはともかく、残りの2000万円近くは「キム」や「ルフィ」など国外にいる指示役の取り分だ。ちなみにこれは永田以外の実行犯の供述をもとに認定されたものだ。

たしかに永田が担った役割は大きかったかもしれない、しかし永田と同額の報酬を受け取っている人物がほかにもいる。

前出の司法担当記者はこう語る。

「６人の実行犯のうち５人が強盗傷害で起訴され、永田のみが強盗殺人未遂で起訴された。『永田がもっとも激しく被害者を暴行した』などと永田以外の５人が口裏を合わせたかのように供述しているようだけど、これは司法取引を疑われてもおかしくない」

たしかに、５人の「強盗傷害罪」と永田ひとりに適用された「強盗殺人未遂罪」の違いは、殺意が認められるかどうかだ。

モンキーレンチで殴打するなどして被害者を重体にした永田は当然といえば当然かもしれない。しかしこの一件だけを検証すると「永田はより重罪で起訴された」と考えざるをえない。いずれにしても検察から〝目をつけられた〟のは間違いないだろう。

「いつか親孝行したい」

永田は、２０２２年の12月に「闇バイト」に手を出し、その後、強盗にも手を染めていくことになるのだが、闇バイトをする前の「素の永田」を知る者の評判は悪くなかった。当時の取材メモをもとにひもといていく。

京都市山科に生まれた永田。市営団地で暮らしていた永田一家の姿をはっきりと覚えている住人がいた。

「父親は姿を見たことないので、多分、母子家庭だと思うんですけど、お母さんと弟と陸人くんの3人で暮らしていて、とっても仲良かったですよ。陸人くんは小さいときは『お母さん、お母さん』って母親の後ろをついて回るような子で、お母さんも『陸人、陸人』ってよく言ってた。中学校を卒業すると陸人くんはすぐに実家を出たから、お母さんに『いなくなって寂しいね』って水を向けたら『でも、よく帰ってきてくれるから～』とうれしそうに言っていた。親思いのいい子なんだろうなって思っていましたね」

中学時代から永田を知る地元の先輩も永田をこう評する。

「陸人はこっちに帰ってきたら、『先輩、飲みにいきましょうよ！』などと必ず連絡をくれるようなヤツで。『俺はお前と違って忙しんだ』って断っても『ちょっとでいいから行きましょうよ』と誘ってくる。愛嬌があって憎めないヤツですよ。金銭？　お金に困っていた感じは全然なかったなぁ。会うたびに『お金を貯めていつか親孝行したい』って言ってましたよ。当時勤めていた土木関係の会社は『人間関係はいいけど、給料が安いからもっと条件のいいところがあれば移りたい』とも言ってましたね」

「人懐っこくて、愛嬌がある」。多くの知人が永田をこう評している。しかしその一方で別の一面もあったようだ。別の地元の先輩が明かす。

「先輩・後輩などの仲間に手を出すことはない、義理人情みたいなものを持ち合わせていましたよ。だけど、あまり仲のよくない人、知らない人にはすぐに暴力を振るうんです。気にくわないとか、単純な理由からですよ。暴力沙汰を繰り返して、たしか中学2年か3年のときには、少年院に入ったこともあったと思いますよ」

実際に永田は少年院を出ると、高校には進学せず「世話になった人についていく」と話し、ひとりで石川県に移り住み、建設現場で働くようになった。また、石川県で永田と出会った元同僚は当時の印象をこう話す。

「初めて現場に来たときは格好もちゃらんぽらんに見えたから、長続きしないだろうと思ってたけど、遅刻もサボりもなく、いたって真面目に働いてましたよ。まだ運転免許が取れない年齢だったから、先輩が車に乗せて現場に行ったんですけど、『ありがとうございます』と欠かさず礼を言っていました。現場では可愛がられる存在でしたよ」

そして永田は仕事に貪欲に取り組んだ。

重機を使えるようになれば資格手当が出ると聞くと、仕事後、居残りをして重機の操作を習得し、けなげに先輩に上達のコツなどを聞いて回っていた。実際、広島の時計店強盗事件で逮捕されたあと、建設会社の社長はマスコミの取材に対し、「彼を信頼していた」と答えている。

転落のきっかけ

石川県で地道に〝第二の人生〟を歩んでいた永田だったが、突如ギャンブルにのめり込む。建設会社の社長はこう証言していた。

「2022年の秋ごろ、『おたくの永田がカネを返さない。永田と代われ』という電話が2度ほどかかってきた。職場に電話をかけてくるなんて、闇金だろうなとは思っていましたが……」

永田を問いただすと「迷惑をかけてすみません。ちゃんとやります」と謝り、反省の姿勢を見せた。

闇金からカネを借りたのであれば、しかるべき窓口に相談すれば元本の返済だけで免償される可能性が高い。しかし、永田にそうした知恵を授ける者はいなかった。

このころ、石川県河北郡にある場外舟券場「ミニボートピア津幡」で撮られたとみられる写真一枚が永田のSNSに上がっていた。不鮮明だが、買い目18点に対し一点2000円分を購入、1レース合計3万6000円分の〝大勝負〟をしている。永田にとって生活水準を超えた賭け金だと言っていいだろう。しかし、レースは、的中してはいるものの賭け金が払い出しの額を上回る〝トリガミ〟と言われる状態で、収支は2万2000円のマイナスだった。

永田のSNS（X）に
アップされていた写真

「おっちゃん」の証言

永田と同じアパートに住み、永田から「おっちゃん」と慕われていた初老の男が競艇に入れ込んでいる永田を覚えていた。逮捕直前のことだという。

「部屋にいると窓を叩いて『おっちゃん見て』と言ってスマホの画面を見せてくるんですよ。『競艇当たった』とか言って。どれぐらいかけていたかって？　えらい額をかけてたわ。多いときには1レース20万円とか。『今日は朝から50万やられた』みたいなことも言ってた」

永田がおっちゃんにスマホ画面を見せたのは、強盗を働いた後の話だ。時系列で調べると、永田は競艇での借金を返すために、強盗を働き、カネを奪ったあとで再び競艇に興じていた。このときは賭け金の桁が最初よりひとつ増えていた。

借金がかさんでいた永田は強盗をし続けるしか、生き永らえていく術がなかったというのが本当のところだろう。一方で、自らに警察の手が迫っていることも感じていた。

逮捕の4日前、12月16日のことだった。

「『おっちゃん、駐車場に見たことない車があったら電話で教えてくれ』って言うわけよ。今から考えてみれば、かなり警戒してたんだなって。どれが変な車かなんてわからんよ、って答えたら、『警察やったら中に人が張り込んどる』と。お前、なんかヤバいことやったんか？って聞いたら『別にやっとらんけどちょっと……』と濁すから、なんかやったんだろ！って俺も怒鳴ってしまって」

翌日、東京に向かい、２日後に「狛江事件」を起こす。その翌日、足立区で強盗の実行犯をレンタカーで待っている間に身柄を確保、逮捕されることになる。

「そのとき、怯えている様子はなかったな。いつもと変わらない。度胸があったのか知らんけど、多分なんとも思ってなかったんだろうな」

おっちゃんはそう永田の身を案じていた。

生活を変えた女

果たして永田はギャンブルで首が回らなくなったのだろうか。逮捕直前まで永田と交流のあった知人は、筆者の質問に首を振った。

「永田が変わったのは彼女ができてからだと思います。いつから付き合い始めたのかは定かでないですけど、逮捕前の１か月、２０２２年の12月ぐらいからはその彼女と毎日一緒にいる感じでしたね」

それまでは先輩から仕事終わりの一杯に誘われれば、断ることもほとんどなく、場の盛り上げ役として酒席に参加していた永田。しかし、12月になるとその誘いを断り、恋人との時間を優先するようになっていく。そして恋人との楽しい時間を過ごす裏で「闇バイト」に応募し、強盗へと進んでいったのだ。

「確かに、借金はありましたけど、それだけの理由で事件を起こすとは思えないです。彼女をつなぎ留めておくためのカネなんじゃないかと。背伸びをしたんじゃないのかな」

そう言うと知人は永田の「裏アカウント（裏アカ）」と推察されるＳＮＳの書き込みを見せてくれた。

12月以降の投稿は、その恋人と思しき女性に関するものばかりだった。焼き肉をはじめ、高級な食事をしている姿が多く上がっている。永田からのサプライズのプレゼントだったのか、Ｙｏｇｉｂｏの高級クッションを女性が抱えている写真もある。年末は一転、つつましく自宅でたこ焼きパーティの写真がアップされる。若者らしいＳＮＳだ。

その幸せに見えるＳＮＳへの投稿は２０２３年の正月に突如終わる。京都への帰省を取りやめ、岐阜の名湯・下呂温泉に恋人と宿泊した。露天風呂付きの部屋で飛騨牛を堪能。正月価格を加味すれば、一泊５万円は下らない高級宿だ。〝最後の晩餐〟ともいえる光景がアップされている。そして最愛の彼女の浴衣姿も……。

永田は作田の裁判において、強盗を渋る作田に対し、「彼女に好きなものを買ってあげられますよ」と説得していたと明かされたが、それは自らの経験なのだろう。

筆者に話を聞かせてくれた仲間は口々に「カネに困っているなら、なぜ自分に相談してこなかったのだろうか」と無念さをにじませていた。「闇バイト」で集った有象無象を仕切り、決心が揺らがないように囲い、ターゲット宅に押し入ると真っ先に暴力を振るう永田の姿は想像できないに違いない。永田と年末年始の時間を過ごした恋人は今、何を思うのだろうか。

「狛江事件」被害者長男の告白

永田ら4人によって殺害された狛江事件の被害者、大塩衣与さんの長男は、永田らが逮捕された後、取材に対してこう話している。

「闇バイトに応募して簡単に強盗を犯すような人間は3年先だろうが、5年先だろうが、7年先だろうが現れる。日本はこういう犯罪がまかり通る国になってしまった。この事件の犯人が捕まったからといって、代わりは必ず出てくる。きっと〝社会の歪み〟のようなものにハマってしまった子たちなんだろう。そういう社会の狭間で起きた〝事故〟

にウチがたまたま当たっちゃったんだ」

長男は突如母親を殺された悲しみの渦中にありながら、事件の要因は永田のような者たちを生み出した社会にあるのではないか、と訴えていた。

確かに、なんのためらいもなく「カネ」のために高齢女性に危害を加えることを厭わない者たちは、永田だけでなく、一連のルフィ事件の中で大勢現れている。

そして、永田にもこれは当てはまるが、誰もが犯罪を踏みとどまれる瞬間があり、踏みとどまれるきっかけもあったはずだ。それでも、これだけ多くの若者が、凶悪犯罪に走るのだ。社会の歪みに目を向けることなく月日を重ねた結果、その歪みは大きくなり、湧き出た魑魅魍魎が永田ら若者たちなのだろう。

永田の罪が問われる裁判員裁判は2024年2月現在、開始の見通しは立っていない。しかし、裁判が始まれば、永田に死刑判決が下されるかどうかに注目が集まるだろう。

そして、狛江事件の遺族が訴えた「社会の歪み」とは何なのかが、語られるときが来るのだろうか。

第3章 自衛官の父との確執

——上野晴生（23歳・自称タレント）

成人式のスナップより（上野の知人提供）

歌舞伎町のホスト

2020年1月、群馬県高崎市にある鉄筋コンクリート打ちっ放しのホール「群馬音楽センター」で開かれた成人式には、スーツや晴れ着姿の男女が集っていた。ここは毎年、高崎市の成人式が行われる場所だ。この年も多くの新成人が集い旧交を温めていた。大学に通う者、就職をして社会に出た者、それぞれの選択を報告し合い、そしてお互いの話に耳を傾けている。

「久しぶり、オレ歌舞伎町でホストやってんだ、今度来てよ！」

白いド派手なスーツを着た一人の男がそんな輪に加わろうとする。男は周囲の話をそこそこに聞くと、自らが勤務するホストクラブの宣伝にいとまがなかった。

ある者がすかさずツッコミを入れた。

「上野、そんなキャラじゃなかっただろ?」

男の周囲では笑いが起きた。晴れの場を乱す言動が周囲のひんしゅくを買っていたことから、咎めるつもりでの発言だったが、それを聞いた男は明らかに不機嫌になった。

「高崎で燻ってるヤツらとオレは違う。オレは歌舞伎町のホスト界で有名になる男だ」

その成人式から3年後、23歳になった上野晴生は、別の意味で世間に名を知られるようになる。

関西訛りの「ルフィ」

２０２２年11月。生活費に窮していた上野は、Ｔｗｉｔｔｅｒ上で「高額バイト」「即金5万円」などと謳い「闇バイト」を募っていた「桃太郎」を名乗るアカウントに「仕事したい」とＤＭ（ダイレクトメール）を送った。

「桃太郎」からはすぐに返信があった。メッセージ交換の場を「テレグラム」に変更すると告げられ、「まず、免許証と住民票の画像を送ってほしい」と指示が送られてきた。

不安がないわけではなかったが、上野はすぐにその求めに応じている。背に腹は代えられない。借金を抱えていたのだ。ただ、借金の額は30万円弱、消費者金融からによるもので、前出の永田陸斗のように闇金からではない。闇バイトに手を出す者たちと比べると、ゼロがひとつ少ない額。普通のアルバイトで地道に働けば数か月で返済可能な額とも言える。

しかし、それまでまともに職に就いた経験のなかった上野には大金に思えた。両親に頼めば何とかしてくれると思ったが、プライドもあった。それにあの厳しい父親に何を言われるのかわかったものではない。

免許証などを送ると、桃太郎から「東京都東村山市にある西武新宿線・久米川駅に向かえ」と指示があった。そこで仕事の内容を説明するという。

久米川駅に着いた旨を送信すると、駅近くにあるなんの変哲もないコンビニに誘導された。するとほどなくして30代から40代と思える小太りの男が現れた。

関西訛りの言葉で自らを「ルフィ」と名乗った。

ルフィは、受け持ってもらいたい仕事は「受け」「出し」と強盗の運転手役だ、と説明した。「受け」と「出し」はオレオレ詐欺などの特殊詐欺における「受け子」と「出し子」のことだ。提示された報酬は40万円だった。

報酬額を聞いたとき、上野は驚くとともに、頭の中ですかさずそろばんを弾いた。ホストをやっていた時代にもそんなに稼ぐことはできなかった。この時、何をやってもうまくいかない上野には光明が差し込んだように思えたことだろう。

借金をいっぺんに返して、さらにお釣りが来るではないか——。

ルフィからは「捕まることはありませんよ」と、まじないのような言葉をかけられたのだが、その甘言を信じてしまう。

リスクは考えまい、上野はふたつ返事で、3万円を受け取った。

その3万円は「仕事がある」という、岡山への片道の新幹線代とレンタカー代、つまり経費だという。その3万円をほとんどカネの入ってない財布に大事にしまうと、上野はすぐに岡山へ向かった。

新たなる指示

新幹線での道中「ルフィ」からテレグラムを通じてメッセージが届いた。久米川で会った男かは定かではない。しかし「ルフィ」はターゲットを知らせてきた。岡山県総社市に住む89歳の女性だという。警察官になりすました「かけ子」がその女性に電話をかけていて「あなたの情報が洩れているので、キャッシュカードを新しくしないといけない」と、すでに話はつけてある。あとはカードを受け取るだけだ、と説明する。

岡山駅で降り、駅近くでレンタカーを借りて女性宅へ向かった。レンタカー店には自身の運転免許を提出した。受け子が本物の免許証を出すなどほとんどあり得ないことだが、そうしたことにすら気づかなかった。そもそも誰も偽造の免許証など用意してくれてはいない。

上野はターゲットの女性宅に着くと、できるだけ平静に、と自分に言い聞かせ、指示されたとおりの文言を述べた。犯行は驚くほど簡単だった。むしろ善意と思い込んでいる女性からは、感謝の言葉すら伝えられた。その後は「ルフィ」から指示された場所で女性の口座からカネを引き出すだけだ。

コンビニなど計7か所で合計120万円。実働時間はわずか1時間だっただろうか。すぐに上野には10万円の報酬が渡った。こんな簡単な仕事で、こんなにもらってもいいのだろうか……そんなことすら感じていた。

わずか10万円でも上野を惑わすには十分だと、指示役たちは見透かしていたのだろう。冷静に考えれば120万円奪ったうちの約8%を手にしただけだ。これでほぼ全てのリスクを背負うことになるなど、割に合うものではない。

ここでやめておけばまだ救いがあったのかもしれない。しかし、上野は久しぶりに大金を手にした興奮からか、犯罪に手を染めた興奮からか、さらなる「仕事」に突き進む。

借金返済まであと20万円――。

ひと仕事終わった直後、間髪を入れずにルフィからメッセージが入った。「この後の強盗の運転手の仕事はどうしましょうか？」と聞かれたが、断る理由がない。最初に簡単な仕事をさせ、その後、よりリスクのある仕事に移行させるというのは闇社会ではよく聞く話だが、上野はそんなことは知らない。ルフィのてのひらの上で転がされていた。

そのままレンタカーを運転し、上野は集合場所の山口県岩国市に向かう。女性宅がある総社市から約200キロの距離だ。次は5人で行う仕事で、自分の主な役割はドライバーだと聞かされていた。

そして岩国で葛岡隆憲（25歳）、石栗一樹（37歳）、北条マクサンドリ（24歳）、そして渡辺翼（26歳）の計4人と合流した。

1億円の仕事

上野はすぐに数時間前に終えた「簡単な仕事」とは全く勝手が違うということを察った。現場の仕切り役の葛岡がカッター、手袋、結束バンドなどを配っていたのだ。その瞬間、現実に引き戻された。さらに葛岡、石栗、北条の３人の会話に耳を傾けると「あれから警察に追われてない？」などと話している。過去にも強盗をやった経験者だった。上野はその３人から「運転手さん」と呼ばれた。明らかに小バカにされている。ただ渡辺だけは恐らく、自分と同じように初めての強盗なのだろう。顔が青ざめていた。

のちにわかることだが、３人は２０２２年10月20日に東京・稲城市で発生した強盗致傷事件の実行犯で、現金３５００万円と、金塊など８６０万円相当を奪った男たちだった。この日も北海道や宇都宮など、各地から集まってきていたのだ。上野とはそもそもの場数が全く違う。しかし、上野は引き返すという選択をしなかった。いや、いまさら尻尾を巻いて逃げることができなかったのだ。

11月７日に日付が変わるころ、岩国市のターゲット宅近くに到着した。岩国市の中心部から離れたその場所は、暗闇に覆われ静まり返っている。近くに車を止めると、車内で葛岡が説明を始めた。

「家の中には金庫が２つあるはずです。まず住人を縛り、カッターで脅して金庫の番号を聞き出します。家には高齢の夫婦が２人いるはずですが、夜な夜な飲み歩いているという話なので誰もいないかもしれない。その時は金庫ごと持っていきます。１億円ぐらいあると聞いています。おのおの家の中に入ったらやれることをやってください」

１億円と聞いて、湧き立つ男たち。しかし上野には１億円と聞いても実感が得られない、そんな別世界の数字だった。

上野以外の４人は住宅に押し入るタイミングを見計らい、午前１時ごろ、漆黒の住宅に押し入っていった。

しかし、すぐに女性の悲鳴が闇夜を切り裂いた。住人の激しい抵抗に遭っていることは容易に想像ができた。そもそも「ルフィ」から伝えられていた情報とは全く違う。

実際、３人の住人が家にいたのだが、夫と思われる男が、日本刀を抜いて抵抗してきたのだ。さらには大声で、周辺に助けを求める妻。強盗を諦めたのか３人は走って車に戻ってきた。

「すぐに出せ！」

「すぐに出せと言ったって、まだ一人戻っていない！」

「あっ！」

葛岡は渡辺に２階で結束バンドで縛った娘の見張りをさせていたことを忘れていた。強盗の〝素人〟の渡辺が置き去りにされたのだ。

「もう無理だ。いいから出せ！」

出せと言ったって、どこに……。

上野はあてもなく車を走らせた。サイレンの音が聞こえている。

置き去りにされた渡辺はその後、駆けつけた警官によって現行犯逮捕された。報酬100万円を約束され、東京・江戸川区から、わざわざ山口県までやってきたのにだ。

自損事故

命からがら逃げ出した3人は車中で不満をぶつけあっていた。指示者であるルフィに抗議をしようにも「逃げてください」以外の指示はない。どうすればいいのか。

上野は目の前で起きた出来事に足が震えていた。自分が強盗未遂に加担したという現実。急に恐怖に襲われたのだ。

なんとか逃げなければ――。上野は広島方面に車を走らせた。

「捕まることはない」と言うルフィの無責任な言葉を思い出して怒りが込み上げてきた。

自分は騙されたのか……。

ガッタンッ！

中国自動車道を走行中に車が大きく揺れた。足の震えが収まっていなかったせいなのか、中央分離帯に接触する事故を起こしてしまった。なんと間の悪いことか。

しかも、車は動かなくなった。事故の目撃者が通報したのだろう、すぐに警官がやってきた。後部座席の男たちの視線が刺さる。「運転手さん、うまくごまかしてくれよ」。目がそう物語っている。その雰囲気に気圧されたのか、警官と話しているうちに、しどろもどろになってしまった。いつものようにノリでどうにかなる相手ではない。上野は聞かれてもいないことを語りだした。

「特殊詐欺の受け子をして、その後、強盗未遂をした帰りです」

急に話しだした上野に駆けつけた交通機動隊のほうが驚いた。

上野には強盗ができる度量はなかったのだ。

久米川のルフィ

この岩国で起きた強盗未遂事件の裁判は、一連のルフィ事件の渦中に山口地裁で行われた。とくに上野に関しては、特殊詐欺の「受け子」役や、強盗の運転手役しか担っておらず、大量の逮捕者のうち「その他大勢」でしかなかったはずだった。しかし、初公判で「ルフィと会った」、という証言が公になり、注目を集めることになった。以下は報道からだ。

検察側は冒頭陳述で、上野被告は昨年10月末ごろ、SNSで「即金5万円」と記載された求人に関する投稿を見つけると、引っ越し費用などの金欲しさから応募したと指摘。運転役の報酬として30万円を提示されたとした。

被告の弁護人によると、被告は特殊詐欺の「受け子」を打診されて応じると、西武新宿線久米川駅（東京都）に呼び出され、「ルフィ」と会った。（中略）その後は通信アプリ「テレグラム」でルフィから指示を受けていた。（時事通信　2023年1月31日付）

当時、フィリピンのマニラ郊外にある入管施設「ビクタン収容所」にいる今村ら4人のうちのいずれかが「ルフィ」であり、一連の広域強盗事件の首謀者とされていた。

そんなおり、都内に「ルフィ」がいるというのであれば、マスコミの報道姿勢だけでなく、当局の捜査方針すらガラリと変えなくてはいけない。筆者を含め、取材班の誰もが口にすることはなかったが、自然と裏取り取材に追われる日々が始まった。

筆者は旧知の捜査関係者から聞き取りを行った。しかし、警察ですら〝東京のルフィ〟を見つけられていないという。それならばと、少し遠回りにはなるが、上野の周辺を取材しつつ、接点を探ろうと思った。それに、明らかに他の強盗犯とは一線を画している上野自身に興味もあったからだ。

上野の地元、群馬県高崎市に向かった――。

虚栄心

上野が育った高崎市は、のどかな街だった。言葉を選ばずに言うと平凡。日本中どこにでもありそうな住宅街だった。上野の同級生はすぐに見つかった。

――上野晴生という人物が逮捕されていますが、ご存じですか？

目の前の同級生と思しき男、Aに、上野との関係の間合いを見極めるためにあえて直球の質問をぶつけた。するとAは「は、ははははっ！」と笑いだしたのだ。いささか面食らったが、続く言葉を待った。

「いや、知ってますよ。逮捕されたことも知ってますよ。ただ、やっぱりなというか、らしいな、というか」

真意を測りかねていると、Aはこう言葉を継いだ。

「言葉のとおりです。何かやらかすと思っていましたから」

犯罪をやると思っていたのか。昔からワルだったのだろうか、その旨を問いかけるとAは饒舌になった。

「いや、ワルではないです、真面目でもないですけど。ただ昔から自分のことを大きく見せようとするヤツでした。確か中学時代はソフトテニス部にいて、上手なわけでもなく、かといってヘタでもなく、普通の選手だったんですけど、上野にテニスを語らせると、『自分はジョコビッチのレベルに達してる』というようなことを平気で語るんですよ。みんな『はいはい……』って感じで受け流していましたけどね」

思春期の男子らしい、微笑ましいエピソードのひとつだと思って聞いていると、Aの口調が熱を帯びた。

「でも、普通は挫折するたびに自分の立ち位置がわかってくるじゃないですか。それなのに、上野はテニスの大会で負けても『調子が悪かった』と決して現実を受け入れない。ジョコビッチはどんなに調子が悪くとも、市の大会の1回戦2回戦じゃ負けないのにね」

今でこそ没交渉になっているそうだが、中学までは上野と仲がよかったというA。記憶は鮮明だった。そして、このAは冒頭の成人式のエピソードを語りはじめた。

「努力もしているし、本気でホスト業界で成り上がりたい。そう上野が思うのであれば、協力しようと思う同級生はいたかもしれない。でも、そんな雰囲気ではなかった。『俺は稼ぎたい、だからカネを使いにこい』という態度でした。学生だろうが、社会人だろうが、20歳なんて自由になるカネを持っている人間は少ないですよ。それが中学のころとなんら変わらない空気の読めなさだった。首が回らなくなり、何かやらかすんじゃないかな、と感じました」

最初は「上野」と呼んでいたAだったが、成人式の話のころには「あいつ」に変わっていた。成人式での上野の態度はAたち同級生にとって「一線を越えた」ということなのか。晴れの場で、仲のよかった者に裏切られたような感覚があったのかもしれない。

成人式を期に上野は地元のコミュニティから消えた。仲間内でも話題にのぼることがなくなったという。そんなおり、同級生が久しぶりに聞いた上野の名。それは「ルフィに会った」という報道だった。

——上野さんって同級生から見てどういう人間だったんですか？　と聞いてみた。

「自己評価と他人からの評価が一致しない人。落差があるというか。常に自分を大きく見せようとしてるんだよね」

間髪入れずAは言った。上野の名誉のために書くわけではないが、「顔見知り程度」と断ったうえで話を聞かせてくれた他の同級生たちは、「ちょっと目立ちたがり屋な部分はあったが、大それた事件を起こすような人物ではない」と断言していた。

しかし、筆者には「自己評価と他人からの評価が一致しない」と語るAの言葉こそ、本質を捉えているのではないかと思った。上野の取材を始めてまだ数日だったが、そんな空気を感じていたのだ。

高輪のマンション

上野が事件当時に住んでいた家を見にいったときのことだ。

公判の人定質問で、上野が語った住所は「港区高輪のマンション」だった。『市町村税課税状況等の調』という統計によれば、東京都港区は総務署が発表している区民の平均所得が1000万円を超えている、「日本一金持ちの集まる場所」だ。某不動産サイトによれば、ワンルームの賃貸相場は14万円を超えている。上野はそんなところに本当に住んでいたのか疑問を持っていた。

しかし、上野が住んでいたマンションに実際に行ってみると、疑問は氷解した。車が入れない細い路地の先にそびえ立つ古いマンション、それが上野のすみかだった。

マンションのエントランスより、同じ建物に居を構える大家専用の玄関のほうが際立つ。大家の趣味だろうが、敷地のあちこちには植木鉢が並び、遠目には雑草に覆われているように見えた。建物名こそフランス語なのだが、外壁に書かれた横文字が浮いていた。港区ではなく下町のマンションと言われても誰も疑いを抱かないだろう。

近くの不動産屋に入り、そのマンションについて聞くと、「港区には珍しいユニットバスで、家賃は破格の6万円台から」と教えてくれた。住人はどんな人が？　と尋ねると「格安だから、外国人が多いのかも……」と担当者は答えた。

なぜ、上野はここを選んだのか。同額の家賃を出すなら、郊外に広くて快適な住まいがいくらでも借りられるのでは、と思った。

しかし、上野にとっては「港区に住む」というステイタスが必要だった。逮捕当時、上野の職業は自称「アイドル」だった。なんと成人式でアピールしたホストの仕事に早々と見切りをつけ、小さな芸能事務所に所属。そしてライブ会場を転々とする「アイドル活動」に勤しんでいたというのだ。

「港区在住のアイドル」。そんな肩書に固執したのはなぜだったのだろう。

地下アイドル

上野の痕跡を求めて、新宿や池袋など繁華街にある、いわゆる「地下アイドル」がライブを行う劇場を回った。男性のみで結成されたメンズアイドルは「メン地下」と呼ばれ、主なファン層は10代の少女たちだと聞かされた。メン地下にとっては、ライブよりもその後に行われる物販が、むしろメインイベントになっているようだった。

筆者が見た渋谷のライブハウスでのひと幕。興奮気味に頬を赤らめた少女たちが、メン地下の前に列をなして、チェキ（インスタントカメラ）で〝推しのメンバー〟とツーショット撮影をしていた。数十秒の短い会話を交わした少女たちは満足げに去っていく。

そして可愛らしい財布から数千円または数万円を抜き出し、メン地下に手渡していた。

明らかに高校生と思われる少女が、数万円をポンと支払う姿は、筆者は異様に感じた。

物販に限れば、ＡＫＢ48に代表されるような女性アイドルグループと大差ないのだが、巧妙にカネを使わせるシステムがあった。「メン地下」は、客が劇場に来たり、物販でカネを使うと、その金額に応じてポイントが付与され、オリジナルの特典がもらえるという「ポイント制」をほとんどのグループが導入していた。

特典はグループによって異なるのだが、この日のグループは10ポイント（1万円分）で「チェキ撮影1回無料」。１００ポイント（10万円分）で「推しのオリジナル動画を撮影」などがあり、１０００ポイント（１０００万円分）貯めれば、「3時間、推しのアイドルとデートが可能」というものだった。このポイント制は、〝売れないグループ〟ほど顕著で、特典も過激なものが用意されていた。５００万円分のポイントで「推しと旅行に行ける」という特典を用意しているグループもあるほどで、当然のことながら「犯罪の温床」と指摘する専門家もいるほどだ。

実際に、少女たちの中にはポイントを得るために、パパ活や援助交際でカネを稼ぐ者もいる。そんな現実に警視庁はポスターを作成、「『メン地下』というキーワードがでたら、早めにご相談を！」などと注意を呼びかけたこともあった。

上野がホストの次に求めた居場所はそういうところだったのだ。

「メン地下巡り」では上野を直接知る人物を見つけることはできなかったが、劇場関係者が上野が起こした事件についてこう話していた。

「ここにいる売れてるメン地下たちは、ものの10秒の物販で１０００円を稼ぐ。１分で６０００円。１時間で36万円。事務所と折半しても一回のライブで数十万は持って帰れるのがこの世界。カネに困っていたなら本当に売れないメン地下だったということだね」

少女たちはひっきりなしにメン地下たちを囲んでいた。こうした少女たちからも、上野はついに囲まれることがなかったのかもしれない。

「写真を見てもピンとこないね。もしかしたら上野ってヤツは事務所に所属していただけなのかもしれないね。事務所の中には、練習生として囲い、レッスン費の名目でカネを取るだけのところもある。練習生は月に一度、合同ライブみたいな適当なイベントに出演させられるだけ。実際には、毎月数万円を払わせて『メン地下』の肩書を与えているんだ」（前出の劇場関係者）

上野がいかほどの「メン地下」だったのかは結局わからなかったが、カネに困り「闇バイト」に手を染めたことを考えると「地下の地下」なのだろう。

20歳でホストの世界に入り、その後は地下アイドルとして活動。23歳になっても満足に社会に出られず燻ったまま。そして消費者金融から借りた30万円の返済に窮する。挙げ句、強盗未遂犯として全国紙やニュースで実名を報じられることになった。

上野には就職するなり、アルバイトをするといった選択肢はなかったのだろうか。

自己評価が妙に高かったという話ではあったが、メン地下で成功しないのも、カネがないのも、すべて周りのせい。自分を見いだせていない世間が悪いのだ。そう考えていたのだろうか。

自衛官の父

話を上野の地元、高崎に戻そう。成人式で空気が読めず、ひんしゅくを買った上野に実はその場で優しく諭す元同級生がいたのだ。

「だって……みんなから煙たがられてる感じがあったので。ちょっとかわいそうになって話しかけたんですよ」

その同級生Bは、上野に素朴な疑問をぶつけたという。

「『どうしてホストなんかやってるの？』って聞いたんです。そうしたら、『成功したい』と。成功って？　と言ったら『カネを稼いで自由を得ることだ』って。田舎者のオレからしたら、東京でホストやってるだけでも十分に自由だろ、って思ったんですけどね」

Bはこのとき、子どものころ家庭環境に悩んでいた上野のことを思い出したという。自らの家とよく似ていたので記憶に残っていた。

「上野のお父さんは自衛官で、子どもにめちゃくちゃ厳しかったんです。それが嫌で仕方ないって、よくこぼしていました。『早く独立して自由になりたい』というようなことを子どもの頃から言っていたのを覚えています」

「厳しい」父親。なにが上野をそうさせたのか。

「本人はそこまでは言わなかったですけど、殴る蹴るの暴力があったようです。上野の親への反発は相当なものでした。生活が苦しくても決して実家を頼らなかったというのは、そうした親への反発があったんじゃないですかね」

筆者は高崎に着いて真っ先に上野の実家を訪ねていた。

外壁ひとつとっても周囲の住宅とは比較にならないほど美しく、整然としていた。庭の芝生は刈り整えられ、自宅前に置かれた自転車も丁寧に並べられている。上野の半生からはまったく見えてこなかった「規律」がそこにはあった。

インターフォンを鳴らすと父らしき人物が出た。

「(本人は)もう大人ですから何も言うことはありません！」

来意を告げる前に吐き捨てるように言われた。食い下がるものの けんもほろろ。同じ文言を繰り返すのみだった。たしかに同級生Bが言うように、厳しさをにじませていた。

父からの和解金

高崎での取材からおよそ1か月後の2023年3月23日、山口地方裁判所で上野の判決公判が開かれた。法廷の上野は黒髪で、筆者が持っているホスト時代の写真とは似ても似つかぬ姿で、むしろ中学時代の卒業アルバムの写真に近かった。

この判決の前、上野は岩国の強盗未遂事件の被害者との和解が成立していた。120万円を弁済したことがわかっている。

カネがなかった上野に支払い能力があったとは到底思えない。親が支払ったと考えるのが自然だろう。実際、上野の父親は山口地裁に情状酌量の証人として出廷、社会復帰を後押しする旨を誓っていた。

上野は反発していた父親に手を差し伸べられた。上野に言い渡された判決は懲役3年6月（求刑同5年）の実刑だった。特殊詐欺などの組織犯罪に対する厳罰化が進むなかでこの量刑は「軽い」というのが率直な感想だった。

上野の親が果たした役割は大きかったのだ。

その一方で、岩国強盗未遂事件の被害者が公判中に被告である上野に激しい処罰感情を示していたことも付記しなくてはならない。

軽い量刑が示されると、今後類似犯が現れるのは自明で、社会のためにも、と厳罰を望んでいた。

事件が詳らかになるにつれ、この事件の被害者が容疑者たちを「日本刀で追い返した」という話が流布した。一部マスコミは、被害者がさも反社会的勢力の一員かのようにとれる憶測記事を書いたが、事実ではない。

被害者は建築関係の会社役員で、娘を含めた家族が目の前で襲われているのだから、必死に抵抗するのは当然のことだろう。そもそも自宅に「1億円相当の金」などなかったことが明らかになっている。

夜中に突如、自宅を襲われる理由などなかったのだ。

祖母の哀しみ

2023年2月2日、この「岩国強盗未遂事件」の共犯、渡辺翼被告には懲役2年6月（求刑同4年6月）が言い渡され、刑が確定。東京・稲城市の強盗事件にも関与した葛岡隆憲、石栗一樹の両被告には懲役9年（求刑同12年）が言い渡された。

もうひとり、北条マクサンドリ容疑者に関してはほかにも余罪があると見られており、2024年1月末現在、裁判が始まるメドはたっていない。

上野の第一審が終わり、しばらく経ってから筆者は再び高崎を訪れた。

上野の家族から「懲役3年6月」という判決への受け止めを聞くためだった。車を少し離れた場所に止め、実家へ向かう。相変わらず榛名山の空風に吹かれる草木の音と筆者の足音しか聞こえない。

しかし、実家が見えたところで息を呑んだ。そこに初老の女性が立っていたからだ。

――上野晴生さんのご親族の方でしょうか?

女性はまっすぐこちらを見つめ「祖母です」とポツリと言った。そして何かを言いたげに、視線をこちらに向けている。筆者はすかさず「晴生さんはどのようなお孫さんでしたか?」と尋ねてみた。

その言葉を聞いた瞬間、女性の表情は曇った。しかし、消え入りそうな声ではあったが、声を絞り出した。

「昔は可愛くて、可愛くて、悪さするような子じゃなかったのに……」

短い会話ではあったが、表情からも孫への愛情が痛いほど滲み出ていた。

しかし、思い返せば、上野は警察官のふりをして89歳の高齢女性からキャッシュカードを受け取り、120万円を引き出したのだ。

89歳の女性にも上野の祖母と同じように、大切な孫がいたことだろう。そして、同様に孫の成長を楽しみにしていたはずだ。

「可愛くて、可愛くて」と上野のことを語った祖母は、何よりも上野に愛情をもって接していたことだろう。89歳の女性からキャッシュカードを受け取ったとき、上野に祖母の顔がよぎらなかったのだろうか。

最後に、もう一つ記さなくてはいけないことがある。

上野の取材を始めるきっかけとなった、関西弁を操る、久米川の「ルフィ」に関しては、当該人物の素性も足取りも、本稿の締切りまでに判明していない。少なくとも「ルフィ」という名は個人を指すのではなく、特殊詐欺グループ全体を指す可能性が高い、ということが捜査当局から示されただけだった。

「関西弁」という上野の自白で捜査も混乱した。そうしたことを鑑みると、情報操作の面においても「プロの手口」と言って間違いない。しかし、久米川駅で上野に直接指示を与えた「ルフィ」は実在した。現在も日本のどこかで息を潜め、次なる機会を窺っているのだろうか。

第4章
住所不定、陸上自衛官
――中桐海知（23歳・自衛官）

スナックの客

三重県の中央部を横断するように位置する松阪市。その東の伊勢湾側にあり、JR線と近鉄線がともに乗り入れる松阪駅に筆者が降りたったのは2023年の年末だった。

駅近くのビジネスホテルにチェックインしたのが午後7時すぎ。ラーメン店で夕食を済ませると、歩いて15分ほどの距離にある同市内の歓楽街、愛宕町を訪ねることにした。

翌日からはレンタカーを借りて、中桐海知(23歳)が育った、奈良県境に近い同市内の飯高町に向かう。そうした本格的な取材の前に、どんな些細なことでもいいので中桐に関する情報に接したいと思った。断片的な情報であっても、それらが見知らぬ土地で取材をする際の指針となることはよくある。うまくいけば、中桐本人を知る人物に繋がるきっかけが得られるかもしれない。そんな期待を胸に訪れたスナックで、オーナーである34歳のママも、一人だけいる20代のホステスも中国出身だと聞いたとき、「この店は早めに切りあげたほうがいいな」と思った。狙いは、中桐に繋がるなんらかのネットワークや人間関係に突きあたること。「ルフィ事件」が日本社会にいかに大きなインパクトを与えていたとしても、海外出身者では、中桐のような末端の実行役のことまでは、さすがに気にかけていないだろうと踏んだのだ。

一人だけいた先客が30分ほどでいなくなると、店を辞する前に、念のため取材で松阪を訪れた事情をひと通り説明することにした。実際に話をしてみると、中国東北部の大連出身だという20代のホステスは、テレビなどのニュースでも大きく扱われたルフィ事件のことを知っていた。

強盗事件に実行役として加担した人間たちの足跡を追っていること、そのうちの一人が飯高町出身であること、明日は実際に飯高町に入って取材をすることなどを伝えると、彼女はこう言った。

「これから来るお客さんも飯高町出身だよ。聞いてみればいいじゃん」

小さな集落の警戒感

やがてこのスナックを訪れたのは、60代後半くらいの店の常連客だった。カウンター奥の席に座ったこの男の前に、ホステスが焼酎のボトルを置くと、水割りをつくった。男がそれを口に含み、ホステスとの会話が始まりしばらくしたところで、ママが筆者のことを紹介してくれた。改めて松阪を訪れた趣旨を説明し、当面の目的地である中桐の実家があるとみられる集落の名称を伝えると、男はその集落に「中桐姓」の知り合いがいると応じた。そして、出会ってまだ10分ほどしか経っていないにもかかわらず、その知り合い宅に電話をしてくれることになった。記者が隣にいることは伏せたうえで、強盗事件に関わった「中桐」について知っていることはないかと——。

「俺の知り合いも、強盗で捕まったその中桐の親戚筋に当たるみたいだよ。ただ、小さな集落だから、そいつのことを知ってはいても、しゃべる人間は誰もいないということだった。『誰が記者の取材に協力した』なんてことも、あっという間に広まってしまうからね……」

取材1日目としては上出来だった。同時に、中桐の足跡をたどる今回の取材が、ひと筋縄ではいきそうにない感触も伝わってきた。

現役自衛官の逮捕

中桐は、第2章で触れた千葉・大網白里市のリサイクルショップの強盗致傷事件に関わったとして、翌日の2023年1月13日、千葉県警によって逮捕されている。

永田陸人ら2人が強盗の実行役だったのに対して、中桐は逃走用のレンタカーを用意し、永田らを現場に運ぶ運転手役を務めていた。

事件の翌日、中桐がリサイクルショップ近くに放置したままだったレンタカーを回収するために戻ると、千葉県警の捜査員によって身柄を拘束されたという。当初から犯行を認めていて、8月2日、千葉地裁から懲役3年（求刑同5年）の実刑判決を言い渡されている。

一方、逮捕時に報道された中桐の肩書きは「住所不定、自衛官」。

彼はこのとき、三重県津市にある陸上自衛隊久居《ひさい》駐屯地の第33普通科連隊に所属する3等陸曹（3曹）だったのだ。

松阪市内の高校を卒業した中桐は、一般曹候補生として自衛隊に入隊したとみられる。曹は一般の軍隊における下士官に相当し、3曹は自衛隊では下から4番目だが、努力次第で幹部に昇進する道も開けている。その平均年収は360万円程度というから、20代前半の中桐にとって、経済的にもそれほど悪い条件ではなかったはずだ。

ところが、中桐は、競艇などのギャンブルにハマり、多額の借金を抱え込むことになる。中桐の裁判では、次のような経緯が明らかになっている。

検察側の冒頭陳述によると、ギャンブルなどでつくった約430万円の借金が上官に発覚し、中桐被告は2022年11月、無断で自衛隊の所属部隊から脱走。SNSの闇バイトを検索し、「ミツハシ」と名乗る指示役と知り合った。ミツハシは今村（磨人）被告とみられる。（読売新聞　2023年7月26日付。カッコ内は筆者引用）

そこからの転落は瞬く間だった。2022年12月、「ミツハシ」の指示どおりに高級腕時計を売却することで、約55万円の報酬を手にしたという中桐。それは直前に永田らが広島市の時計販売買取店に押し入り、奪った130点以上の腕時計（2439万円相当）だった。

ミツハシから、それに続く「仕事」として持ちかけられたのが、リサイクルショップを襲う実行犯たちの運転役だったのだ。自衛隊を抜け出してから、千葉県警に逮捕されるまでわずか49日間の脱走劇だったことになる。

裁判では、検察側によって、中桐とミツハシが通話アプリ「テレグラム」を介して行ったやりとりも再現された。そこから、あまりにも無防備に闇バイトに足を踏みこんでいく中桐の姿が浮かびあがる。先に引用したのと同じ日付の読売新聞から再構成してみる。

中桐「クリスマス遊ぶマネーがないです」

ミツハシ「仕事あるから心配ないよ」

中桐「すぐありますか。仕事が中毒です」「今ばりばりほしいです」

リサイクルショップ強盗の運転手役を持ちかけられた際のやりとりでも、犯行を前にした戸惑いや罪悪感は読みとれない。

ミツハシ「店舗の見張りと当日のドライバー。成功報酬50万円」

中桐「どこを襲うんですか」

ミツハシ「千葉の買い取り店」

中桐「お金奪って安全運転で終わるやつですかね」「安全運転で頑張ります」

事件のほとぼり

筆者が中桐の故郷を訪れた2023年末は、判決から約5か月後というタイミングだった。

松阪駅からは車で1時間半ほどの距離。市内の中心部から奈良県境に向かって片側1車線の国道を走りだすと、やがて車線を分けるセンターラインは消え、何本もの巨大な丸太を牽引したトレーラーと道路幅ギリギリですれ違うようになる。中桐の故郷は、主要産業の一つが林業という山間部にあった。

周辺は、急峻な山々に挟まれた渓谷である。国道から枝分かれした道を折れてさらに車で山中に進むと、ところどころに開拓された棚田や里山が現れ、集落が形成されている。90戸ほどが集まったNという集落で、中桐は高校時代まで過ごしている。

前夜に愛宕町のスナックで耳にしたとおり、取材に訪れた「部外者」に対して、集落の人々の反応は冷たい。周辺取材をするなかで、中桐の親類だという女性宅を見つけて、玄関のチャイムを押したときは次のように言われた。

「ここの地域はもともと静かなところですので、(中桐が起こした事件に関しては)もうほとぼりが冷めてきているわけです。それなのに、私がまた語るということはできません。残念ですけれど、協力はできません」

言葉遣いこそ丁重だが、その態度や筆者に向けられた視線は侮蔑に近いものだと感じた。女性が語った「ほとぼり」とは、次のような出来事を指すのだろう。

2023年1月末、全国各地で散発していた強盗事件が、フィリピン国内で拘束された、複数の男たちの指示のもとで実行されたひと続きの事件であることが発覚。すると、新聞やテレビなどの大手メディアは、大量の記者を動員して、各地にいる事件の関係者のもとに取材攻勢をかけた。山と棚田に囲まれたこの集落にも大挙して記者たちが訪れ、家々のチャイムを押しては中桐について尋ねてまわったという。いわゆる「メディアスクラム」によって、この地域の人々も突如、「ルフィ事件」の渦中に巻き込まれることになったのだ。

それから1年近い歳月が過ぎても、住民たちはその苦い記憶を忘れていなかった。なかでも記者たちの最大の標的になったのが、中桐の家族だった。

今回、筆者が中桐の実家を訪ねると、ごく短時間だが、中桐の祖父が対応してくれた。日時は日曜の昼前。敷地内に蔵のある重厚な日本家屋の玄関先に現れた祖父は、チェック柄の厚手のネルシャツに、スウェットパンツ姿である。年末の穏やかな時間を切り裂いた訪問者に向けられたその顔には、不審や怒りが入り混じった感情が浮かんでいた。

「もう、あるもん、なんにもない」

――中桐海知さんの取材で伺いました。海知さんはこちらの出身ではないですか。

「うん、うん。あんたら、何十人ってタクシーで来て、それでかき回してもうて、どの家《うち》も、この家《うち》も迷惑をかけて。この組（自治会）ではもう、あるもん、なんにもない」

――たくさんのマスコミが訪れた？

「あんたら、お金儲けで（取材を）やっとるやっちゃさかい。うちの親戚もみんな弱って、みんな（メディアスクラムで）やられてしもうて。うちにはなんにも、なんにもありません。お宅が（取材で情報を）取りに来てもうても、なんにもなりませんね。お金儲けになるもん、とられるもん、なんにもない。あるのは私の命だけや。さかいに、もうお話をすることはありません」

命以外、すべて奪われるかのような苛烈な取材合戦が繰り広げられ、そのことで家族の心は深く傷つけられたという。それは、中桐とその家族が味わうことになった強盗事件のもうひとつの断面だったと言える。

中桐本人も、安易に手を出した闇バイトによって、家族に大きな犠牲を強いたという思いはあったようだ。前述の裁判における被告人質問で、中桐は次のように語っている。

「（ミツハシに）免許証の写真を取られていたので、『実家住所がわかる』と言われ、怖いと思った。めちゃくちゃ後悔した」

犯行後、親が仕事をクビになり、兄の結婚が〝なし〟になりました。自分勝手な行動で責任を感じています。（ＴＢＳ系ＮＥＷＳ ＤＩＧ ２０２３年８月２日放送）

父の謝罪と５００万円の見舞金

集落での取材によると、中桐の父親は団体職員で、母親は介護関係の仕事に携わっていた。兄は神道系の大学を卒業したあと、宗教法人に職を得たという。「親が仕事をクビになった」という中桐の証言について、父親が勤務する団体関係者は次のように話す。

「息子さんの事件があったあとも、中桐さん（父親）が仕事を辞めなければいけなくなったということはありません。あくまで成人した息子の話ということで、団体では、みんなが一致して中桐さんの責任を問う声は上がらなかった」

一方、母親の〝変化〟に気づいていた周辺住民はいた。

「数か月くらい前から、お母さんの緑色の軽乗用車が、平日も自宅に止まったままになっていた。お母さんは60歳前後だから定年になったのかなとも思ったけれど、もしかしたら息子さんの事件の影響で、仕事を辞めることになったのかもしれないね」

一方、マスコミによる取材攻勢から1か月ほどが経過した2023年2月ごろ。集落の集会所で、新年度の自治会長を決めるための会合があった。次の自治会長に内定していたのは中桐の父親だったが、この時の会合で、父親は自治会長を辞退したいと申し出ている。近隣住民は声を潜める。

「集まったみんなの前で(父親は)『今回は辞退させてくれ』『悪かった』と言って頭を下げたんよ。事件発覚のすぐあとで、自治会のみんなの前に出ていろいろと仕切らなければいけないことに、気が引けるという気持ちはよくわかる。その時の顔は憔悴しとった。たぶん、夜も寝られなんだと思うくらいだった。

狭い集落だから親もな、居《お》りづらかったやろな、噂とかも回るし。周囲からはっきりとは言われなくても、やっぱり嫌やったと思う。僕も同じ立場だったら、とてもやないけど、よう居らんなと思う」

中桐が闇バイトに手を染めたことで親の仕事も、地域での居場所も奪った。父親はそれでも、この会合で集落の住民に次のような言葉を述べている。

「みんな、海知のこと、悪いこと言わんなで、ありがとう」

中桐の人となりを物語るエピソードを求めて、家々のチャイムを押す記者たちに対して、集落の多くの人々は口を閉ざすことで、中桐の家族を守ろうとしたのだろう。そのことに中桐の父親は感謝した。

ただ、このあとも、中桐の代わりに責めを負う家族の姿は散見されている。中桐らが襲った千葉県大網白里市のリサイクルショップを、２０２３年7月末、４人の男女が訪れている。事件で被害に遭い、鼻や頬など顔面3か所を骨折した70代の男性店主が語る。

「ご両親と2人の弁護士がこの店を訪ねてきて。両親は平身低頭で『申し訳ありません、申し訳ありません』と何度もお詫びをしていかれた。ただ、彼（中桐）本人からは、８月の判決後もなんの連絡もありません。手紙なんかも来てないですね」

前出の中桐の祖父らの証言によると、中桐の両親はこの時、見舞金として５００万円を持参し、謝罪のために置いていったという。一方で、店主のところには、実行犯である永田らの代理人弁護士からも連絡があった。

「彼らは『慰謝料は支払わない』と言っているそうです。『支払うことができない』のではなく、『支払う意思がない』と。理由ははっきりとは聞いていません。ともかく支払う気はないんだということでした」(前出の店主)

取材の礼を言ってリサイクルショップをあとにすると、500万円という金額の重さを思った。その額は、地方で団体職員を務める父親の年収と比べても遜色ないものだろう。両親が店主のもとを訪ねたのは、中桐に判決が下される数日前のことだった。

安易な気持ちで犯行に加わり、結果、重い刑に服すことになった中桐。法廷では「被害者に怖い思いをさせて申し訳なかった。これ以上親を裏切りたくない。(見舞金は)必ず自分で返す」と誓った。本来、国を守る立場にあった人間の犯した罪は、重い。

第5章 4人の子と3人の〝妻〟

――福島聖悟（34歳・柔道整復師）

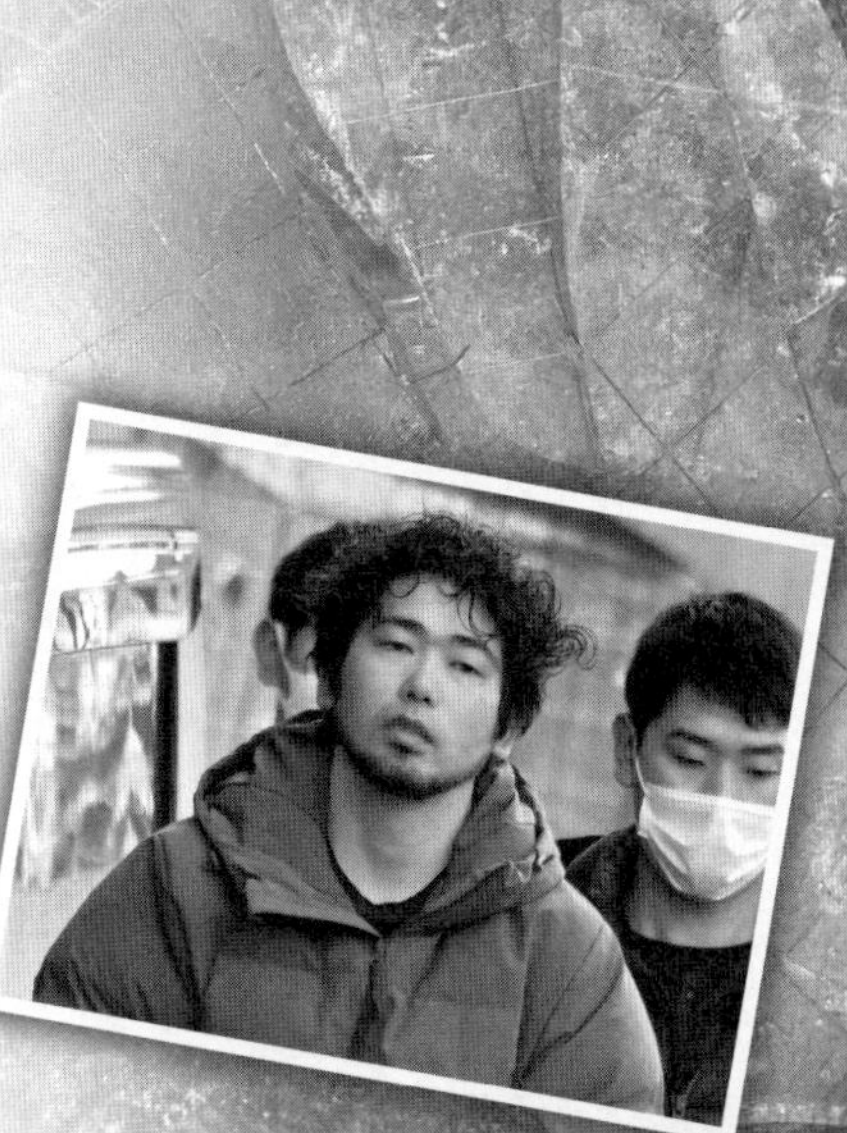

朝日新聞社

柔道整復師

２０２３年2月22日の午後、東京・調布市にある調布警察署の敷地に紺色のミニバンが入っていった。建物裏のスペースに止まると、警察官に続いて降りてきたのは濃い緑色のダウンジャケットを着た男。毛量の多い黒髪パーマとあごひげが特徴的といえる。腰紐が巻かれ、その端を警察官が右手で強く握りしめている。男は福島聖悟《しょうご》（34歳）、職業は柔道整復師だった。

車を降りた福島は一瞬どちらへ行けばいいか分からない様子だったが、警察官が手で指示するとすぐに向きを変え、ゆっくりとした足取りで歩きだした。初めて顔を上げたとき、少し動揺したように見えた。それもそのはず、福島の前方には数えきれないほどのカメラマンがファインダー越しに待ち受けていたからだ。丸い大きなストロボ付きの一眼レフカメラや三脚に載せられたテレビカメラがひしめき合っている。その隙間でマイクを持った記者が実況する姿もあった。

2週間前にはフィリピンに潜伏していた渡邉優樹や今村磨人ら4人が二手に分けて日本に送還されていて、一連の報道も過熱状態にあった。調布警察署はまるで連続猟奇殺人の容疑者が逮捕されたかのような異様な空気に包まれていた。逃げ場のない福島は正面を向いたまま目を閉じた。そのまま深く息を吸い込むと口をすぼめながら短く吐いた。

強盗殺人ほう助

「強盗殺人ほう助」が福島の逮捕容疑だ。2023年1月19日に発生した、東京・狛江市の強盗殺人事件（狛江事件）で実行役として逮捕・起訴された加藤臣吾（24歳）、永田陸人（21歳）らにレンタカーを用意した疑いで逮捕されたのだ。

今回の事件は、現場付近を走行する不審なレンタカー2台が防犯カメラに映っていたことが容疑者浮上のきっかけになった。警視庁はこの2台が、事件前日の18日午前に東京都内と神奈川県内でそれぞれ借りられたものと特定。本人名義で契約していた福島聖悟容疑者（34歳）を、強盗事件に使われると知りながらレンタカーを契約した上で他の3人に貸し出したと判断した。（朝日新聞　2023年2月23日付）

強盗に使うレンタカーを本人の運転免許証で借りさせるところに、指示役らがいかに実行役を「使い捨て」と見なしていたかがよくわかる。だが福島もそれを承知でレンタカーを借りたとすれば正気の沙汰ではない。

筆者が福島について気になったのは34歳という年齢だ。10代から20代が多い実行役のメンバーでいえば、年齢は高いほうである。柔道整復師という職にも就いている。なぜ闇バイトに応募したのか、同年代として興味をもった。

4人の子ども

2023年も終わりが近づくなか、筆者は福島が住んでいた埼玉県三郷市に車で向かった。ナビに表示された時刻を見ると午後6時を回っていた。日中ではなく夕方を選んだのはなるべく家人がいる時間帯に訪ねたかったからだ。

三郷インターを降りて、しばらく走るとすぐに目的地が近づいてきたことがわかる。前方に50年ほど前に建てられた巨大な団地群が広がっていた。10分後、ナビが案内を終了した場所は、団地群の一番奥にある5階建ての棟の前だった。車から降り、ホコリを被った自転車やパンクした原付バイクが無造作に置かれた駐輪場を通り過ぎると、福島が毎日上り下りしていたであろう階段の前にたどり着いた。

まずは福島のすみかだった部屋には、今は無関係の住人が住んでいることを確認してから、一軒一軒チャイムを押して回った。しかし、3軒目のドアが開いたころには、早くも諦めに似た気持ちに変わり始めていた。住人のほとんどが外国人なのだ。スチール製の重い扉が開くと、出てくるのは片言に近い日本語を話す若いベトナム人やフィリピン人で、手元に用意している福島の写真を見せても皆、一様に首を横に振るだけだった。唯一その存在を覚えていたのは、福島が住んでいた部屋の上階に住む年配の日本人男性だった。

「福島って名前もニュースで知ったぐらい謎の人だったよ。正味一年ここにいたか、いないかじゃないかな。会えばこちらは『おはようございます』と挨拶するけど、向こうは反応を示さない、そういう感じ。つきあいを絶ってるんじゃないかって、感じるぐらい関わろうとしなかった」

ひとり暮らしではなかったのか、と問うと意外な答えが返ってきた。

「いや、30代ぐらいの奥さんがいて、上は小学生から、下は生まれてすぐの子どもまで、4人ぐらいいたかな。だけど彼が逮捕されて、しばらくすると、奥さんと子どもたちは出ていきましたよ」

妻子持ちという事実に、なんとも言えない重い気持ちになっていると、男性はこう付け加えた。

「実は逮捕されたころ、福島さんの郵便受けがあふれていたんですよ。ちらっと見たら、消費者金融からの督促状でね。だから『あ〜』って……」

借金によって生活苦だったのは間違いないだろう。そしてメモ帳に〝妻と4人の子ども〟とゆっくり書いてその下に二重に線を引いた。

ネアカのバスケ少年

年明け早々、筆者は迷惑を承知で茨城県牛久市に車を走らせた。正月休みで帰省している福島の地元の同級生を探すためだ。結局、丸一日かけて話を聞けたのは2人だけで、20年ほど前の記憶はさほど鮮明ではなかった。よく考えれば筆者が同じことを聞かれてもそんなものだろう。正直、同級生の名前すら怪しい。

小学校、中学校での福島はひと言でいえばクラスのムードメーカーだった。目立ちたがり屋で周囲を笑わせることに喜びを感じている、そんな人間だったという。

　小学校の高学年からバスケットを始め、高校は当時県内屈指のバスケ強豪校へ進学していた。高校時代に同じグループにいた同級生は次のように振り返った。

「ひょうきんな感じで〝ネアカ〟ですね、とにかく場を盛り上げてくれるキャラクター。その頃は全国大会にも出るような学校だったんで、福島もバスケに打ち込まざるを得ない状況でしたよ。少しの休み時間でも誘われて一緒にバスケしていましたから」

　明るくて活発。三郷の近隣住人から聞いた逮捕前の印象とは真逆だった。

　中学時代、福島は牛久市内の一軒家に両親と弟、妹の5人で住んでいた。両親から何か話を聞けないかと自宅を訪ねてみた。牛久駅から歩けば30分ほどの距離にある住宅街にその一軒家はあった。

　裏手には広々とした公園があり、幼少期はそこで友達と遊んだであろうことが想像できた。しかし、表札は「福島」ではなく別の名字に変わっていた。当てが外れた思いだったが、向かいの家に住む高齢の女性が福島一家について覚えていた。

「今はリフォームされて別の方が住んでますけどね。だいぶ前に福島さんという家族が住んでましたよ。お父さんは寡黙な方で話をしたことはなかったけれど、奥さんが気さくないい方でした。でも急にね、夕方あたりに奥さんがあいさつに来て『事情があって出ていきます』って。どんな事情かは聞かなかったけどね、突然でしたよ」

後日、その事情を話してくれる人物に出会うことができた。福島の母親とは旧知の仲であるAだった。

「母親はB子っていうんだけど、旦那に暴力を振るわれてたとかで、耐えられなくなって離婚したって本人から聞いている。離婚が先か、出ていったのが先かはわからないけど、聖悟が中学を卒業したころかな。聖悟と下の子たちを連れて、おばあちゃんが一人暮らししている実家に戻ったの。だから聖悟はおばあちゃんの家から高校に通ってたね」

父親はその後、2007年の夏前に牛久市の自宅を差し押さえられている。福島がちょうど高校を卒業してすぐのことだ。官報を調べると父親の名前とともに「破産」という文字が記されていた。

どのような理由で借金があったのかまではわからなかった。福島は父親に似たのか、とも思ったが、実は話はもっと複雑だった。

「そもそも聖悟の本当のお父さんじゃないから。きょうだいのなかで聖悟ひとりだけ父親が違う。本当のお父さんを知らされずに育ったの。牛久の家を出ていった後も弟と妹は、父親のところに会いにいってたみたいだけど、聖悟は『俺は違うから』って会いにいってなかったからね。そういうのもあってか、おばあちゃんが聖悟をうんと可愛がってた。不憫に思ってたんじゃないかな。年金で細々と生活してたけど、聖悟にちょくちょくお小遣いあげてね。だから、聖悟はおばあちゃん子だったんだ」

「運転がヘタなんだよ」

高校を卒業したあと、福島は地元を離れて東京に一人で移り住んでいる。新宿にある柔道整復師の学科がある専門学校に通うためだ。学費は3年間で約４００万円。奨学金で賄うにしても、親の後ろ盾のない福島にとってその額は決して小さくはなかった。

ちなみに柔道整復師になるには、国家資格を取得する必要がある。学科のある大学や専門学校で定められたカリキュラムを修了し、一年に一回、春に実施される国家試験に挑むのだ。年々難易度は上がっているようだが、それでも２０２３年の合格率は5割と他の国家資格と比べても難しくはない。しかし、福島が受験した２０１０年ごろの合格率は7割。今と比べればさらに広き門だった。

国家試験合格を目指した福島は当時、専門学校に通いながら北千住駅近くの接骨院でアルバイトをしていた。そこで実際に治療の技術を学んでいたようで、家庭環境も含めて考えれば、「真面目な苦学生」という印象を受ける。

やはり一番の関心事は金銭問題だ。カネのありがたみを知っているはずの福島がなぜ「闇バイト」に手を出したのかを知りたかった。前出のAにそんな疑問をぶつけてみた。するとと「それは運転がヘタなんだよ」と即答。「ん?」と間抜けな表情をする筆者をよそにAは続けた。

「最初はオデッセイ、家にあったオデッセイをもらって乗ってたんだけど、すぐに足回りがダメになるぐらいぶつけて……ヘタなの。で、しばらく乗らないのかと思っていたら『違う車を買った!』と言ってやってきたんだ。何を買ったのかと思ったらGT-R。それも借金をして」

福島がAに見せびらかしたのは「R32型スカイラインGT-R」だった。R32といえば、1989年に登場し、その異次元の性能から国産スポーツカーの歴史を変えたといわれる、日産が世界に誇る名車だ。中古車サイトを開けばわかるが2024年1月現在、700万円前後の値段がつく車体が多く、1000万円を超えるものもある。

福島が当時いくらで購入したかは定かではないが、Ａは「３００万近くは借金したと聞いている」と言う。しかし、その名車も福島は事故で潰してしまう。

「そのあとは軽のダイハツタントにしたんだけど、寝不足で朝方に別の車に突っ込んで、相手の車の修理代を保険で支払いできなくて、実費で払わなきゃいけないって言ってた。消費者金融から借りてね。ＧＴ－Ｒを潰してからはずっと借金返済で火の車。『なんでＧＴ－Ｒなんて買ったんだ』って聞いたんだよ。はっきりとは答えなかったけど、女のコにモテたいっていうのがあったんだろうね。ヘタなのにカッコつけて……」

「ヘタクソ」と言いたいだけのようにも聞こえたが、車を乗り換えては事故を繰り返し、そのたびに借金を膨らませていった。そんな男が強盗で使う車を手配し、実際に運転していたのだから、何かの冗談ではないかとも思えた。

別の名前

話を戻そう。福島は無事に専門学校を卒業。柔道整復師の国家資格にも合格し、新卒で埼玉県の三郷にある接骨院で働きはじめた。福島が最後に生活していた団地からも近い場所だ。

規模は大きくないが、埼玉を中心に複数運営する接骨院グループだった。しかし、数年前に廃業している。当時の社長にたどり着くことはできなかったが、同じグループにいた元同僚には何人かと会うことができ、そこで意外な情報を得た。

埼玉県東部、2階建ての古い小さなビルの1階に元同僚Cの接骨院はあった。

院内にはパソコンが置かれたカウンターと施術台が3台あり、筆者は閉店時間に合わせて訪問したのだが、一台がカーテンで仕切られ、ちょうど治療を行っているところだった。

30分ほど待ったところで自動ドアが開き、ジャージを着たいかにも体育会系の大学生風女性が出てきた。内側から「あまり無理しないでね、気をつけて」と明るい男性の声が聞こえ、女性は会釈をしながら歩いていった。

Cは40代前半で、医療用の白衣を着て、爽やかな空気を身にまとっていた。事情を説明すると、患者ではないことがわかったところで力が抜けたのか時計を気にしながらも興味なさげに取材を受けてくれた。

筆者はいつもそうであるように福島の写真を見せ、この人物のことについて聞きたいと切り出す。

するとＣから返ってきた答えは予想だにしないものだった。

「これ、秋山でしょ？」

一瞬言葉を失う。次に用意していた質問を変えて、「ちょっと待ってください。福島という名前じゃないのですか？」と慌てて確認した。しかしＣは、「私の中では秋山です」と譲らなかった。

「大体２０１２年から、３年ほど一緒に働いていましたけど、彼はずっと秋山でしたよ。結婚して名前が変わったんじゃないですか。結婚してましたから」

福島は２０１０年ごろ専門学校を卒業しているので、そう考えるとわりと早く結婚し、養子に入るかして姓を変えたことになる。

「仕事面では淡々と治療するタイプじゃなかったですね。少し危なっかしい感じ。トラブルというか、お客さんからクレームがあった記憶があります。パフォーマンス的な施術が目立つというか、お客さんがやってほしいこととは違う施術をしたり、必要以上のことをやったりとかね」

Ｃは顔を曇らせながら続けた。

「定期的にグループ内の定例会議があるんですけど、『もっとこうするべきだ』と他の先生を批判したり、承認欲求が強いのか知らないけど、よく全員の前で発言してましたよ。それも的を射ない発言が多くあって、なんか危ういな、と思ってました」

バスケで身につけたはずのリーダーシップは空回りしていた。福島は将来をどう考えていたのだろう。

「独立？　当然その気持ちはあったと思いますよ。社長が結構自由にやらせてくれるグループで、『力をつけたら出ていっていい』というような、業界では特殊なところだったんでね。だからほとんどの人がそこでずっと働くんじゃなくて、2、3年いて力をつけたら独立・開業するために出ていく。いわば下積みをする場所だったんですよ。ただ、秋山が独立したのかどうかはわかりません」

実際、福島が独立・開業した形跡はなかった。その一方で、元同僚の多くは関東各地で接骨院を開き、代表取締役社長兼院長になっている。大小はあれど、ショッピングモール内で繁盛する接骨院の院長になっている者、東京・銀座で開業している者、複数の接骨院を経営し、成功している者。

しかし、形態には幅があり、本格的な治療機器を導入するなどすれば開業資金には数百万円が必要な場合もあるが、スペースと施術台さえあれば、比較的安価に開業できる。もちろん甘い世界ではない。商売として軌道に乗せるのは大変だという。

「昔は接骨院といえば、なり手が少なかったけど、今は専門学校が次々とできて、学生も増えているし、開業したところでうまくはいかない。秋山も自分が思っていたより簡単じゃない世界だって気づいたんじゃないですか。想像よりリターンが少ない。今はお客さんの取り合いもある。保険適用も厳しくなっている。他業種からの参入もあって、この世界は技術職というよりは商売人が増えている。だから開業しても治療の技術以外に、マーケティングセンスがなければ立ちゆかない。はっきり言って、彼はそういうタイプじゃなかったですよ」

源氏パイ

次に接触した、元同僚Dが、福島の結婚式に出席した別の同僚のエピソードを語った。

「秋山（福島）は東京で結婚式をやったんです。両家の親族以外に、院長や同僚、友人を多く呼んで派手な式だったそうです。院長がご祝儀5万円、同僚でも3万～5万円を包んでいたそうです。これは結婚式では常識的なことだと思うんですけど、常識的ではなかったのが『返礼品』でした。なんと『源氏パイ』が2枚。わかります？　あのハート型の小さなお菓子。参列者は皆びっくりしたようなんです。

その一方で、秋山は結婚式後、ディズニーランドのホテルに泊まったと吹聴していて。お祝い事だから強くは言えないですけど、『結婚式の返礼品に源氏パイ2枚なんて聞いたことがない』と職場の人間は憤っていました。そのあと、やんわりと院長が本人をたしなめていたけど、本人はあからさまに不満そうな態度を取っていました」

源氏パイ2枚は100円にも満たない。仮に参列者が100人だったとして、返礼品の総額が1万円ほど。多少の尾ひれがついていることを鑑みても、福島は何を考えていたのだろうか。

3人の女と4人の子ども

福島が秋山姓となった理由は、結婚相手が2人姉妹で、養子に入ることを求められたと考えられる。しかし、逮捕当時の名字は福島姓だった。離婚して福島姓に戻したわけだが、取材を進めるうちに、話は意外な方向に転がっていく。

ここまで筆者はメモ帳に福島の相関図を書き足していた。三郷の妻と４人の子どもも当然記されている。母、４人の異父きょうだい、実父、すでに見開き2ページぶんを使い切っていた。完成かと思ったが、次ページに人物を足さざるを得なくなる。

茨城県牛久市と隣接する街に福島の高校時代からの親友Ｅがいた。取材を進めてきた中でおそらく福島にとって数少ない「親友」と呼べる一人であるＥと接触した。

Ｅ本人は「取材は受けない」と頑なだったが、代わりにＥの両親が話を聞かせてくれた。最初はＥと同様だったが、渋々口を開いてくれたのだ。ただ、福島に対しては忸怩たるものがあるのだろう。Ｅの母親は堰を切ったように話し始めた。

「高校を卒業した後もよく家に遊びに来てたんですけど、あることがきっかけで『もう家には連れてくるな』と出禁を言い渡しました。女の敵だって。息子にはもう連れてくるなと厳しく言いました。息子は外では会ってるだろうけど、それからうちには寄り付かなくなりましたね」

背格好の似たＥの父親が続ける。

「ハリ（鍼灸）やってる女の子と結婚して。しばらくして奥さんが妊娠したんだけど、臨月ってときに奥さんを置いて別の女のところに行っちまったんだ。ほかに女がいたんだよ。息子も私もそりゃあ怒ってさぁ。『臨月の奥さんがいるのにお前何やってんだ！』って怒鳴りつけたんだよ。

福島のお母さんも、聖悟とは縁を切ったらしい。女の子が生まれたんだけど、奥さんは『一人で育てる』って福島の実家に告げて。聖悟と2人でうちに遊びに来たときとかは、ハリをやってくれて。上手でね。さすがプロだなって感心したよね。奥さんとこっち（茨城）に戻ってきて、2人でマッサージの店を開くって言ってたのにさ。それがどうしてああなったんだろうねぇ」

別の女とは再婚したのか、と水を向けると、とんでもない事実を語った。

「それはわからないけど、その女とも子どもをつくったって。女の子。その女とも別れて、次は旦那がいる女の人とデキて、また子どもつくって。いったい何人子どもつくるんだって。結局、最初の奥さんを含めて、3人の女との間に4人の子どもがいるんだよ」

呆気にとられてしまった。ただ、この親子ですら三郷市の団地に住んでいた〝家族〟のことまではわからないという。3人目の女性と暮らしていた可能性はあるが、最後まで実態は謎のままだった。

親友についた嘘

福島は狛江で事件を起こし、2月に逮捕されたあと、翌3月に処分保留で釈放されている。釈放後、福島からEに接触はなかったかと尋ねると、電話があったという。Eの母親はその時のことを話してくれた。

「息子と聖悟ともうひとりのF。この子ら3人、昔から仲がいいんだけど、聖悟は釈放されてすぐFに電話したみたい。Fから『(無罪放免なんて）世の中そんな甘い話があるわけねーだろ！』とキツく怒られてしょげたのか、すぐに息子に電話がきたんです。そうしたら聖悟はFのことを『あいつは友達じゃない』なんて言って罵っていて、全然反省してなかったそうです。

それを聞いた息子も『お前がしっかりしないといけないんだろ』って怒った。その時に『(狛江の事件以外に）他にやってないのか？』と聞いたら『やってない。今回の一度だけ、運転手をやったんだ』と断言したそうです。息子が『狛江の事件の前に〝いいバイトがあって1回で5万円もらった〟って言ってたのは闇バイトじゃないよな？』と尋ねたけど『ちゃんとしたバイトだ』と。一度は息子もその言葉を信じたようです」

しかし、福島は親友をも欺いていた。電話からほどなくして再逮捕されるのだ。

狛江事件の車調達役再逮捕＝特殊詐欺で窃盗容疑―警視庁

逮捕容疑は昨年7月16日夕、仲間と共謀し、北区の70代男性宅に「カードが不正に使われているので交換する必要がある」と滝野川署員を装って電話。家を訪れてカード２枚をだまし取り、現金計１００万円を引き出して福島容疑者らが管理する別の口座に同額を振り込んだ疑い。

同署によると、署員を装い男性宅を訪れた福島容疑者がカード２枚を封筒に入れさせ、男性が目を離した隙に別の封筒とすり替えたという。男性宅で採取された指紋が、狛江の事件で逮捕された同容疑者の指紋と一致して関与が浮上した。（時事通信配信　２０２３年４月26日）

東京・北区の滝野川警察署から送検される福島はグレーのスウェット姿で、丸刈りとまではいかないが短髪になっていた。最初の逮捕のときには正面を向いてゆっくりと歩いていた福島だったが、報道陣が目に入るなり、すぐにうつむき、下を向いたまま足早に警察車両に乗り込んだ。

おばあちゃん子

「福島も……これで人生終わったな」

ニュースを見た親友は、力なくつぶやいたという。

親友の思いを完全に裏切った福島だが、親友であるEが何よりも許せなかったのは、それが高齢者を狙った犯罪だったからだ、と父親は力説した。

「あれだけ、おばあちゃんに可愛がってもらったのに年寄りやるかな』と。『カネが大変だったんだろうか』って言ったら『それでも年寄りに手を出すのは絶対に許せない』と怒っていた」

今後、二度と福島と連絡をとることはない、そう言うEは怒りに震えていたという。

気づけば空が暗くなっていた。「遠くから訪ねてきたかいがありました」と頭を下げると、夫婦は「気をつけて帰るんだよ」と家の前まで見送ってくれた。

車のエンジンをかけ、ナビを東京方面に設定。ゆっくりとアクセルを踏み込みながらふと思った。きっと福島もかつてはこんなふうにこの夫婦や、親友に優しく見送られていたのではないかと。

そして、三郷に福島とともに住んでいた4人の幼子のことを思った。それが3人の〝妻〟に産ませた子どもなのかは定かではない。福島の裁判は2024年1月現在開かれていないが、他の容疑者の例に鑑みても「ほう助」とはいえ、実刑判決が出るのは確実だろう。刑期を終えたとき、その子どもたちは父を迎えるのだろうか。

ルフィ一味は「ひとつの家族」を崩壊させたことになる。

第6章

ルフィを壊滅させた女

——柴田千晶（33歳・飲食店勤務）
——山田李沙（27歳・風俗店勤務）

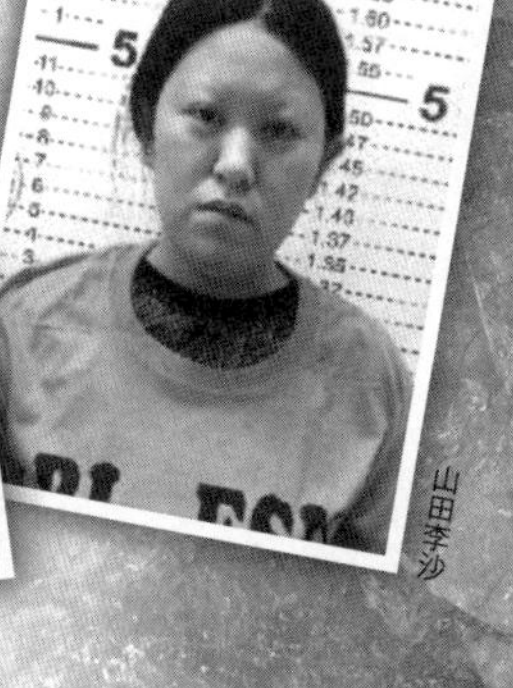

山田李沙

柴田千晶

二人の女幹部

２０１９年、のちに「ルフィ」を名乗る男たちは着々と組織の拡大を画策し動きだしていた。

まさに凶悪事件への萌芽だった。この時期、その組織でのちに〝幹部〟と呼ばれる２人が加わっている。わが身の滅亡など顧みず、組織に忠誠を誓い、ルフィらの手足となり、そして歯車となり暗躍を続けた。紛れもなく組織拡大の立役者と言っていいだろう。

その２人は女だった。

一人は風俗店に勤務していた山田李沙（当時22歳）、そしてもう一人はキャバクラ店で働いていた柴田千晶（同27歳）だ。

二人の〝女幹部〟は夜の街の住人であったことから、共通点を感じさせるが、取材を続けその半生をひもといていくと、他にも多くの通じる点のあることがわかった。それは生い立ちや組織での役割にも及ぶ。そして、のちに二人がルフィ壊滅の発端となるということもわかっている。二人は、いかにして組織に入り、〝幹部〟と呼ばれるようになったのだろうか。

錦糸町での取引

２０１９年6月某日、初夏と呼ぶには早い季節だが、太陽が照りつけるその日は、真夏のような一日だった。

多国籍料理店が立ち並び、異国情緒を内包する東京・錦糸町はその雰囲気とも相まってより暑さを感じるような街だ。

この日、フィリピン人のＫが来日し、この街にやってきていた。年齢は50代、ブランド物の鞄を抱え、パリッと織り目正しくスーツを着たＫはビジネスの成功者としての雰囲気を醸し出していた。

来日の目的はただひとつ。Ｋはそれを果たすため、錦糸町駅近くにある19階建てのホテルの一室で通訳とともに、ある人物を待っていた。

部屋のチャイムが鳴り、待ち人が現れたのは約束の時間きっかりだった。

ドアを開けて入ってきたのは、妖麗な雰囲気を醸すひとりの女。手にはその雰囲気に似つかわしくない無骨なスーツケースを抱えていた。女はＫに初対面の挨拶と来日をねぎらう言葉をかけるや、傍にいる通訳はただちにそれを訳し伝えた。

Kの表情が少し和らぐのを見るや、女は傍らのスーツケースを開けた。帯封で括られた1万円札の束が並んでいた。女はそれを一つ一つつかんでテーブルに置いていった。

Kはそれを丹念に数え始めた。一束一束、一枚一枚。十数分後に約束どおり、数千万円の現金があることを確認すると、女に握手を求めた。

鳴かず飛ばずのキャバ嬢

この〝取引〟はルフィグループが、フィリピン・マニラ近郊にある廃ホテルを所有者から分割で買い取る契約を結び、1回目の代金が支払われた場面だ。グループはこれで、フィリピンに拠点となる物件を手に入れたのだ。買収の原資となったのは当然特殊詐欺でだまし取ったカネ。それを全国から集め、ホテルまで運んできたのが柴田だった。

さかのぼること3か月、柴田は都内の繁華街でキャバクラ嬢として働いていた。高校を卒業してから多くの時間を夜の街で過ごしてきた柴田。手に職をつけようと奮起したこともあったが、自分には何かをやり遂げられるとは思えず、いつも早々に挫折していた。物事をやり遂げた経験などなかったのだ。

結局、糊口をしのぐ場所は夜の街。そこに行けば生きられた。

愛嬌のある柴田は働く店では決して不人気ではなかったが、ナンバーワンなど日の当たる場所にいたわけではない。20代後半の女がキャバクラで得たのは生活に困らない程度の稼ぎ。

鳴かず飛ばずのキャバ嬢――そんな立ち位置だった。

しかし、柴田にも思うところがあった。こんな生活をいつまで続けられるのだろうかと。店でも年齢は上から数えたほうが早くなっていた。自分より稼ぐのは年下ばかり。実際、ここ数年、稼ぎが減ることはあっても、増えることは一度もなかった。

何かに挑戦するほどのカネもなければ、度胸もない。未来には蓋をして、ただ淡々と日々をやり過ごしていた。

鬱屈とした思いが溢れるようになった頃、キャバクラの元同僚から声をかけられた。

「フィリピンにいる知り合いの実業家が、現地で働ける人を探しているみたい」

なぜ自分に声がかかったのか疑問に思った。フィリピンの公用語であるタガログ語はもちろん、英語も満足に話せやしない。向こうでの水商売なのだろうか。少なくとも、真っ当な仕事ではないだろう。ただ、今の生活を続けるよりはマシだ。パッとしない人生がひょっとしたら劇的に好転するのかも、そんな錯覚を抱かせる唐突な誘いだった。27歳。今後の身の振り方に悩む柴田にとっては「渡りに船」と言っていいかもしれない。日本に友達と呼べる者もいなければ、東京郊外に住む両親とも疎遠になっている。ここに未練などないのだ。それならフィリピンに行ってみよう。一生に一度の冒険、流れに身を任せてみよう。決断までにそれほど時間はかからなかった。

柴田は機上の人となった。

異国で恋に落ちた男

2019年3月16日。マニラのニノイ・アキノ国際空港に柴田はひとりで降り立った。初めてのフィリピンだった。柴田を笑顔で出迎えたのは、ルフィグループの幹部、渡邉優樹だった。焼けた肌に爽やかな笑顔。身長180センチはあろうか。がっしりとした体躯をブランドもののスーツで包んでいるが、そこはかとなく漂う「ある種のにおい」。夜の世界が長かった柴田の直感は的中する。決して真っ当ではない世界に片足を突っ込んでしまったことを——。

ここで逃げ出すこともできただろう。しかし、妖しい雰囲気ながら優しい言葉をかけてくれ、今まで出会ってきた男とはどこか違っていた。柴田は渡邉に惹かれたのだ。

2人はその日のうちに男女の仲になった。柴田が渡邉に傾倒していったのだ。渡邉は普段接するキャバクラの客や男性店員などと比べ、遥かに紳士的だった。

一緒に過ごした時間はわずかだったが、場末の客とは比べものにならないほどカネを持っていた。食事に連れてってもらった店も洗練されていた。

渡邉といる時間はそれまでの人生で最も彩りに満ちていた。そして渡邉から何か頼まれると断ることはできなかった。むしろ渡邉に褒められたい、渡邉にもっと近づきたい、恋愛感情を隠せなくなっていた。

柴田は渡邉と出会ったその日から渡邉の手下となり、「愛人」になったのだった。

そんな柴田の〝情〟はすぐに行動に現れた。翌17日に帰国すると、渡邉に命じられるがまま、配下の特殊詐欺集団が集めたカネを日本からフィリピンに運ぶ準備を始めた。最初のフィリピン行きから間もない4月3日には、再びマニラに向かった。

最初の渡航では小さく軽かったスーツケースが大きなものに変わっていた。日本国内の集金役が集めた現金、数千万円を忍ばせて。

わずか2週間だったが、柴田にとっては長く感じられた。渡邉と念願の再会だった。スーツケースを無事に渡すと、渡邉はとびっきりの笑顔を見せ、柴田を褒めた。その姿がまたうれしい。褒められるのはもっとうれしい。何より今度は数日間一緒にいられるのだ。柴田にとっては至福の時間だったに違いない。

それならば、現金の運び役としてだけでなく、もっと渡邉に貢献しよう。柴田からすればそれは当然の気持ちだった。

リクルーター

今度は特殊詐欺のリクルーター役を買って出た。SNSを使い特殊詐欺の受け子、出し子を募集。キャバクラで培った気配りが感じられるからか、女性リクルーターに応募者も警戒心が薄れたのか、可愛らしいトイプードルのアイコンを使ったリクルート用のアカウントには多くの若者が殺到、組織に引き入れることに成功した。

そんな柴田は渡邉と出会ってわずか3か月ほどで周囲から〝幹部〟と呼ばれるようになった。一連の柴田の渡邉への献身は異常と言ってもいいものだった。いくら惚れた男のためとはいえ、ここまで犯罪の片棒を担げるものだろうか、筆者にはそれが疑問だった。その手がかりを摑もうと、柴田が多感な時期を過ごした場所に向かった。

不仲な家

東京・多摩地域にある東大和市。南北を走る多摩都市モノレールの駅からほど近いところに柴田の実家が存在していた。しかし、そこは多感だった年ごろの柴田にとっては暗澹たる思い出を紡いだ場所だったようだ。

近隣住民が明かす。

「そういえばそういう子いたな、という印象しかないです。少なくとももう10年は見かけていないです。実家もまだあるのか、誰が住んでいるのかすらわかりません……」

最初は、けんもほろろな対応だったが、粘って話をつなげると、絞り出すかのように古い記憶をたどってくれた。

柴田の家庭は近所では不仲で有名だったという。両親の怒鳴り合う声が聞こえることもしばしばだった。

「いつしかそれがなくなったと思ったので、離婚したんだろうな、と思ったんです。そして父親らしき人物を見ることもなくなりました」

まだ柴田が幼少期の話だ。そうして母子家庭になったのだが、母親は生計を立てるのに精一杯だったのだろうか。柴田は母親に構ってもらえなくなっていったという。

小学校4～5年ごろには、何日も同じ服を着ていたようで、不潔な姿で学校に通う姿を住民は覚えていた。今で言うネグレクトに近い状態だった。

そうした姿で登校すれば、いじめに遭うのではと、筆者は思ったのだが、同級生のA子はそれを言下に否定した。同級生たちが柴田を白い目で見ていたのは事実だが、柴田はそんな同級生たちの視線を敏感に感じ取っていたのだ。

「千晶は決していじめられていたわけではないです。ただ親友と呼べるような友達はいなかったと思います。自分から心を開くタイプではないですから。同窓会をする段になっても、誰も連絡先を知らなかったですからね。それなら『まぁいいか』で終わっちゃうような存在です。ただ、なんというか……他人との壁は千晶自らが築いていたように思えます。他人に『これ以上私に構わないで』という空気を醸し出していた。それが彼女なりの処世術だったのかもしれないですけど……」

柴田はクラスメイトともつかず離れずの距離を保つ子どもだったという。そこを離れても、傷つかない距離を本能的に見いだしていたのだろうか。

それでもA子は、一度だけ柴田の本音を聞いたという。

「中学校時代、帰り道だったかな、その日たまたま千晶とふたりきりで帰っていて、お互い家が近づいて、バイバイしようとしたとき、千晶がふと『寂しいな』ってつぶやいたんです。いじめられてはなかったけど、友達の輪に入らないようにしている雰囲気があったし、普通の家庭じゃない、というのはみんな知ってたから。なんかその『寂しいな』というひと言に、いろんな意味があったように思えて……今でも覚えてるんですよ」

そもそも本音を語り合うほど特別に仲がよかったわけではないが、柴田がなぜ自分にこんなことをつぶやいたかは理解できなかった。

しかし、「寂しいな」という消え入りそうな声が今も耳に残っているという。

筆者はそんなA子に単刀直入に聞いた。「どうして事件を起こしたと思いますか」と。

居場所を求めて

「逮捕されたと聞いたときは驚きました。少なくとも善悪の区別がつく子でしたし、決して不良でもありません。でも、もしかしたら誰かに信用されたり、確固たる自分の居場所がある、ということが心地よかったのかもしれないですね。今思うとですけど……少なくとも子供のころの彼女にとって、そういう場所はありませんでしたから」

27歳の女が犯した罪の原点を、女の中学時代までしか知らないひとりの同級生が見立てるのは無理があるかもしれない。しかし、A子の言葉は柴田の取材を進めている筆者にとっては、ひとつの道標となった。

他人から嫌われたくないため、他者との距離を保ち、ずっと生きてきた女が27歳となり、自分なりの「人生の分岐点」を考えた末に見つけたのがフィリピン行きだった。そこで「詐欺グループ」は自分を快く受け入れてくれた。そして、惚れた男ができた。

孤独に苛まれていた自分に突如として現れた「帰る場所」。それは惚れた男への、ひいては極端な組織への献身、そして忠誠へと繋がったのではないだろうか。

柴田は渡邉と出会って以降、ひと月に一度のペースで、計7回もフィリピンを訪れている。その度に大金をスーツケースに入れて渡航しており、警察はその総額は3億円にのぼるとみている。渡邉のもとにそのまま1か月ほど滞在することもあれば、翌日には帰ることもあった。しかし、日本に戻ればSNSや「テレグラム」を使い、特殊詐欺で奪ったカネを集め、リクルーターとして出し子を募るなど、八面六臂の活躍をしていた。

全ては渡邉のために、そしてやっと見つけた自分の居場所を守るために――。

蜜月の終焉

しかし、そんな柴田の生活は突如、終わりを告げる。２０１９年11月29日、柴田は逮捕されたのだ。渡邉に出会ったその日から、わずか７か月での終焉だった。

計７人からキャッシュカードを騙し取り、１０００万円ほどのカネを共謀して奪ったという罪だった。フィリピンに現金を運んだことなど、余罪は十分に考えられたが、証拠が集まらなかったのだろう。そうした罪では起訴されなかった。

警察の取り調べが始まっても柴田は揺らがなかった。組織に加担した理由を「渡邉に頼まれたから」とだけ語った。愛する男に尽くしたまで、と言わんばかりに。

一方、渡邉はその柴田をどういう存在だと捉えていたのか。

柴田がフィリピンに来ると、渡邉は多くの時間を柴田と一緒に過ごしていたという。

しかし、柴田が日本に戻ると、フィリピン人の〝現地妻〟に熱を上げ、挙げ句の果てにはカラオケスナック店まで持たせている。さらには日本人向けのパブで働いていた〝お気に入り〟の日本人女性のところにも足繁く通っていた。

毎日の飲み代は数十万円という。その原資は言わずもがな、柴田が日本でかき集め、危険を顧みずフィリピンに運び込んだカネだった。

渡邉が柴田の「愛」に応えようとしていたとは到底思えない。闇バイトに応募してきた若者を使い捨てのコマのように扱っていたのと同様に、柴田もコマとして扱っていたと考えるのが自然だ。筆者はそれを確信に変える「ある事実」をつかんだ。

顔なしの女

実は今回、取材で最も苦労したことは柴田の顔写真を入手することだった。

柴田はむやみに顔を晒すようなSNSをやっている気配もなければ、柴田の知人にたどり着いても、一緒に写っている写真などは存在しなかった。あまりにも人間関係が〝薄い〟のだ。逮捕され、送検の際にも、柴田は顔を撮られることを異様に警戒していた。

苦悩の果てに筆者が頼ったのは「名簿屋」だった。

都内のマンションの一室。最新型ではないノートパソコンが一台。あちらこちらに外付けのハードディスクが転がっている。ひとりでパソコンに向かう男は名簿販売を稼業にしている。いわゆるダイレクトメール用の名簿などを主に扱っている「表の名簿屋」だ。しかし、かつては「闇リスト」と呼ばれる名簿を取り扱っていた。その名残なのか、郵便受けにもドアにも、屋号を表す看板などは一切掲出していない。警戒心が強いのだ。目の前の名簿屋はいかにもビジネスマンといった初老の男性。丸の内あたりを闊歩していてもおそらく何の違和感もないだろう。裏社会の人間ではないが、こうした人探しをするときにはなにかと頼りになる存在なのだ。

今、「闇バイト」に応募すると、免許証などの身分証明書をリクルーターに送ることが当然となっている。一般的には逃亡防止、カネを持ち逃げした際に親類縁者を追い込むため、とも言われているが、実はそれだけではないということを聞いたことがあった。その時にはあまり気にしなかったのだが、リクルーターたちは闇バイトに応募してきた人間のリストを作成しているという。その理由は〝売れる〟からだ。

悪事に手を染めた者のリストは高いと言っていた。それがどのような理由で、誰の手に渡り、どう使われるのかは教えてもらえなかったが、真っ当な使われ方をされないことだけは容易に想像できる。

名簿屋に電話して「柴田千晶の写真を探している」とこちらの事情を正直に伝えた。

「犯罪者？　俺は今は真っ当な名簿屋だって言ってるだろう」

と嫌みを言われたが、電話口の声は笑っていた。

「昔のつてをたどって聞いてみる。闇バイトの応募者リストは間違いなくある」

名簿屋から折り返しの電話があったのは、それから1週間が経ったころだ。

「オウ！　あったよ。名簿に載っていたよ、シバタチアキ。ちょっと苦労したけど見つかった。身分証の写真も載ってたぞ」

そう言うと、名簿屋は生年月日を読み上げ、本人確認を始めた。それは筆者が持っていた裁判記録の柴田の生年月日と一致した。どこから流出したものかを聞いてみたが、名簿屋は木で鼻をくくったような返事をする。

「それは知らないなぁ。名簿屋がネタ元をしゃべったらその時点で終わりだ。アンタらの商売と一緒だよ。本当は小遣いが欲しいぐらいだけど、オレはもう裏から足を洗っているから、タダで提供してあげるよ。あとでメールするわ」

5分も経たずにスマホが震えた。名簿屋からのメールに添付されていた写真は、眉を細く整えて目を大きく見せようと化粧された女の写真だった。〝ギャル顔〟とでもいうのだろうか、少なくとも影がある顔には見えなかった。

これが柴田か――スマホの画面上で初めて柴田と向き合った。そして考えを巡らせる。

なぜ柴田の個人情報は、「闇名簿」に掲載されるに至ったのだろうか。

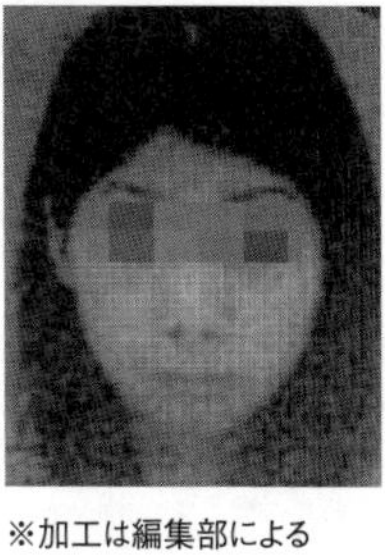
※加工は編集部による

過去に何らかの理由で個人情報が抜き出されたことも考えられる。さらにはフィリピン渡航前に何かの闇バイトに手を出していたということも可能性としては否定できない。

しかし、こう考えるのが普通だろう。

渡邉らが逃亡や裏切り防止への〝保険〟として柴田の個人情報を入手したが、逮捕されてそれらは「用無し」となった。その際に、裏の名簿屋に流出させたのだと考えられる。

柴田もまた、コマのごとく使い捨てられたのだ。

ただ、渡邉らには誤算だった。渡邉に入れ上げていた柴田なのだから、たとえ逮捕されても、組織の存在について簡単には口を割らないと高をくくっていた。実際、柴田も逮捕当初の取り調べでは、頑なだった。

しかし、裁判が始まると柴田の態度は百八十度変わった。

渡邉の存在のみならず、自分が知りうる限りの組織の実態について詳細な供述を始めたのだ。被害者には謝罪の言葉を述べ、渡邉らから受け取っていた「報酬」のほぼすべてと見られる800万円余りを被害者への弁済に充てた。

柴田の詳しい供述は捜査員たちを喜ばせた。そして、渡邉らへの逮捕状が出されるに至った。捜査は柴田の供述をもとに一気呵成に進むことになったのだった。柴田の心の内がどう変わったのか知る由もないが、波が音を立ててひいていくように、渡邉への思いも冷めていったのだろうか……。

リゾートバイト

そして、前述したように、ルフィグループを破滅に向かわせた女がもうひとりいる。

山田李沙。山田も柴田と同じように2019年にフィリピンに渡り、組織に加入している。しかし組織と接触した経緯は柴田とは少し違った。

当時22歳だった山田は、風俗店に勤務しながら、毎日をなんとなく過ごしていた。自分はこの後どう生きていけばいいのか、柴田と同様に先の見えない不安に駆られていた。

しかし、柴田は何気なく見ていたＴｗｉｔｔｅｒで「フィリピンでのリゾートバイト募集」との書き込みを見つける。それまでの人生とは裏腹で陽気なイメージのフィリピンのビーチ写真と文言に惹かれた。

「1か月ぐらい行ってみよう。温暖なフィリピンで何か見つかるかもしれない」

そんな軽い気持ちで連絡した。求められたのはパスポートの写真だった。とくに何も考えずにそれを送り、働きたい旨のメッセージも添えた。

数日後、マニラ行きの片道航空券が自宅に送られてきた。突然のことに驚くとともに、これでマニラ行きを断ったら、大変なことになるのでは、とも思った。見えない相手なのに、必要以上に顔色を窺う自分に嫌気が差した。

意を決して渡ったマニラ。しかし、山田が連れていかれたのはリゾートホテルではなく、一棟の廃ホテルだった。それは「かけ場」と呼ばれる特殊詐欺の拠点だった。

そのとき「やっぱりな」と山田は暗澹たる気持ちになったという。はなから真っ当な仕事ではないのでは、と思っていた。「かけ場」にいた男から「仕事」の説明を受けたが、当然日本でも問題となっていたので、知識はあった。しかし、特殊詐欺に加担することには抵抗がある。だが、カネを出してもらいフィリピンに来た以上、その航空券代だけでも返して帰りたい、としぶしぶ受話器を手に取った。

最初は手が、声が、震えた。しかし2日目に大きな転機が訪れた。渡されたマニュアルをただ読んでいただけなのに、電話口の高齢者は警察官を名乗る山田の話を信じ込んだ。特殊詐欺は拍子抜けするほど簡単だった。

山田が配属されたのはルフィグループの幹部、藤田聖也が仕切る「かけ場」だったのだが、その藤田から、顔が赤くなるくらい大袈裟に褒められた。藤田の上司と説明されていた渡邉からも、称賛の言葉をもらった。藤田も胸を張っていた。

人から褒められるということはこんなにも気持ちのいいものなのか。

山田にとって初めてと言える経験だった。天にも昇る気分になった。

その後も抵抗がなかったわけではないが、かけ子を続けた。そして成功するたびに藤田や渡邉からの「お褒めの言葉」に自信を得た。褒められるほどに山田の〝才能〟は花開いた。

売り上げ2000万円

２か月で２０００万円の〝売り上げ〟を計上した。かけ場でも他を圧倒するほどの成績をあげ、「エース」と呼ばれるようになった。いつしか、ルフィグループの幹部から特別扱いを受ける。地元有力者への接待などにも連れ出されるようになり、「幹部」と目されるようになった。フィリピンでの「出世」に山田は生きる意味を見いだした。

しかし、特殊詐欺を長く続ける考えはなかった。巨額の〝売り上げ〟に結びついたときはアクセサリーなどをもらうことはあっても、報酬がなかったのだ。ましてや成功するたびにインセンティブを受け取るようなこともない。

風俗で働いていた時のほうがまだマシだ。足を洗って帰国したい――。

率直な思いを藤田に伝えたこともあった。するといつも優しかった藤田が激昂した。

「そんなことが許されると思ってるのか！　警察にタレ込むぞ！」

ある日、藤田の統括するかけ場から、脱走者が出た。藤田は焦った。もし、警察にでも駆け込まれたら、一巻の終わりだ。グループは四方八方手を尽くし、脱走者をつれ戻したのだが、その数日後、かけ場のメンバーが見せられたのは目を覆わんばかりの動画だった。脱走者が藤田から暴行を受ける「リンチ動画」。明らかな見せしめだった。

別の日、さらなる脱走者が出た。その後幹部から「あいつは心臓発作で死んだ」とだけ伝えられた。凶暴な藤田のことだ。殺したのでは、という疑念が山田の頭から消えることはなかった。

気づいたときにはかけ場は、恐怖に支配されていた。

来る日も来る日も朝8時から、時には深夜まで電話をかけ続けるしかない、休みなく受話器を握るかけ子たち。奴隷のようになっていた。

コンプレックス

埼玉県川越市。「小江戸」とも呼ばれるこの町には江戸時代の風情を残す街並みが広がっている。観光客でごった返す、その一角にほど近いエリアで山田は生まれ育った。

柴田と同じく母子家庭。しかし、山田はそのことをおくびにも出さず育っていた。山田にある〝転機〟が訪れたのは中学に入ってからだった。山田の同級生B子が明かす。

「小学校までは普通の子、友達思いの優しい子でしたよ。ただ、中学に入ってからいじめに遭って不登校になっちゃったんですよ。口にするのも憚られる、外見をいじるような。なぜ、彼女がいじめグループに狙われたのかはわかりません。でも言い返すような子ではなかった。だからいじめがエスカレートしたのかもしれません」

しかし、いじめを受けてもめげなかった。中学には満足に通えなかったが、高校に進学、そして親思いの一面を見せる。

母親の助けになればと、アルバイトの面接を受けることになった。のちに裁判では、その時に言われた言葉が自らのコンプレックスにつながったと語っている。

個人経営の飲食店だった。小さな店の片隅で履歴書を提出すると、それをさげすむような目で見やる経営者。そしてこう聞いた。

「なぜ保護者の欄が母親なの？」

山田は「母子家庭だから」と理由を述べたが、それを聞いた経営者からは耳を疑う言葉が発せられた。

「ウチの店には普通の人しかいてもらいたくないから、普通じゃないあなたは雇えない」

そのとき、相当のショックを受けたと山田は法廷で述べている。そして、自分は普通の人間ではないのだから、普通の職には就けない、と悟ったと。

この一件は、その後の山田に暗い影を落とす。なにをするにも必要以上に相手の顔色を窺うようになったのだ。自分には価値がない、当然社会にも自分の居場所はない。そんな自分が必要とされるなら、甘んじて受けよう。それが、自分を守るすべだった。

高校を卒業した山田は、必要とされた風俗に自分の居場所を見出した。

4年間のかけ子生活

結局、山田はフィリピンに4年ほど滞在した。その間、ルフィグループのためにひたすら電話をかけ続けたのだ。

2021年、それはルフィらがのちに日本列島を震撼させる「タタキ」（強盗）を始める直前だった。幹部がビクタン収容所に収容された。山田は幸運にも逮捕を逃れた。幹部からの暴行などの恐怖から解放された山田は、収容所に収監されてもなお、指示を送ってくる幹部に従うのがバカらしくなった。意を決した山田は「死ぬまで犯罪で生きていくのが嫌になった」と在フィリピン日本大使館に逃げ込んだのだ。

「解放されて、自由で、楽になって、刑務所に入ってもいいから日本に帰りたかった」と、この時の心境を裁判で供述した山田だったが、皮肉なことに、ルフィの幹部と同じビクタン収容所で、日本への強制送還を待つことになったのだ。

当時はコロナ禍で、世界中の国境が閉じていた。それはフィリピンも同様だった。強制送還がすぐに叶わないと知った山田だが、またもルフィグループに取り入れられたのだ。そして、収容所から再び電話をかけ続けることになった。

エースと言われた山田の腕は錆びついていなかった。すぐに、幹部のいるエアコンの効いた「ＶＩＰルーム」への入室が許された。

実は、永田陸人が逮捕されるきっかけとなった、足立区の強盗未遂事件の前日に「アポ電」をかけたのが山田だった。

裁判で「実際に手を下していないので犯罪行為をやっているとは思っていなかった」と証言した山田。ルフィグループ幹部たちも、罪悪感が薄く、忠実な部下である山田を最後まで信頼していたのだ。

その後「狛江事件」へのルフィグループの関与が明らかになり、渡邉、藤田ら幹部４人の強制送還が実現した。その後、山田も強制送還され、機内で逮捕されている。

詰めかけた報道陣を前にふてぶてしく歩く４人とは対照的に、飛行機から降りた山田が、カメラの前で深々と頭を下げたのが印象的だった。

VIPルームの犯行

幹部ら4人の日本への強制送還から約8か月後、ルフィグループの壊滅を決定的とするニュースが突如流れた。

「ルフィ」ら4人　狛江強殺疑い、再逮捕　比の収容施設から指示

全国で相次いだ広域強盗事件のうち東京都狛江市の住宅で1月、住民の女性＝当時(90)＝が暴行され死亡した事件を指示したとして、警視庁捜査1課は12日、強盗殺人容疑などで、フィリピンから2月に強制送還された男4人を再逮捕した。狛江事件は、指示役「ルフィ」らが関与した一連の広域強盗が表面化する契機となった。

再逮捕されたのは、フィリピンを拠点とした特殊詐欺グループのリーダーだった渡邉優樹(39)と、幹部の藤田聖也《としや》(39)、小島智信(45)、今村磨人《きよと》(39)の4容疑者。同時期にフィリピンの入管施設に収容されていた。(産経新聞　2023年9月13日付)

一連の事件の中でも象徴的な「狛江事件」、とりわけルフィグループ幹部が強制送還されてからは、この狛江事件でも逮捕・起訴できるかどうかが捜査の分水嶺となっていた。被害者が死亡している以上、警察としては是が非でも、容疑者を逮捕・起訴しなければならない事件でもあった。そして4人は逮捕された。

実はこの4人の逮捕の裏には山田の供述があった。

狛江事件の当日、ルフィ幹部はＶＩＰルームに集まり、実行犯と電話をつなぎ、犯行の一部始終に指示を出していた。それを山田が聞いており、その様子を捜査機関に話したのだ。生々しい証言だった。

「殴ってもいい、体を縛れ」。

渡邉や藤田が実行役に指示を出す。そこに今村がより過激な指示を出す。

「指の骨を折ってやれ、そうすればカネのありかを話すだろ！」

実行犯はその証拠に、倒れた被害者の写真を撮って送ってきた。

さらに数時間後、狛江事件がネットニュースになると、ＶＩＰルームで言い争うルフィグループ幹部らの姿を山田は目撃していた。

ニュースを見た渡邉が声を上げた。

「まずいことになってる。おばあさん死んだってなってる」

藤田はすかさず今村を責めた。

「お前さ、どうすんの。ヤバいよ」

動揺を隠せない今村。

「ちょっと待って。マジで死ぬとは思わなかったんだけど……」

山田の証言は具体的で臨場感に溢れていた。さらにその場で小島智信が発言していなかったことも供述している。小島は狛江事件で逮捕されたものの、不起訴になっていることからも、狛江事件とルフィを結び付けたのは、山田の証言にほかならないだろう。

山田がルフィを壊滅に追い込んだのだった。

渡邉らルフィは女らの性格を見抜き、アメとムチを使い分け、結局は使い捨てのコマのように扱ったが、最後はその女らに寝首をかかれたのだ。

山田はその後の裁判で、懲役3年（求刑同4年6月）の判決が言い渡された。一部の事件で追起訴されたため今後量刑が変わる可能性もあるが、執行猶予なしの実刑判決だ。

一方の柴田は懲役4年6月（求刑同7年）。控訴することなく刑が確定し、すでに刑に服している。

柴田の裁判では、裁判官による異例の説諭が行われたことを加えておきたい。

裁判での異例の説諭

判決を言い渡した裁判官は静かに聞き入っていた柴田にこう語りかけた。

「公判を通じて感じたがあなたは高い能力を持っている。それを社会で活かしてほしい」

詐欺事件の片棒を担いだ被告に「あなたは能力がある」と裁判官が認め、諭すこと自体相当異例と言っていいだろう。しかし、裁判官の紛れもない本心だったのではないか。

山田もそうだが、柴田は「自分の人生には先がない」と決めつけた結果、夜の街から抜け出すことをしなかった。それは家庭環境であったり、社会から受けた「仕打ち」が2人の中に澱のように沈殿し、その後の生活に影響したことは間違いないだろう。その澱から抜け出そうとしたとき、手を差し伸べたのがルフィだった。そんな2人は皮肉にも、居場所を与えられ、仕事を与えられ、ルフィから必要とされる存在となっていった。それが詐欺グループだったとしても、大いに求められたのだ。

しかし、もし違うきっかけがあり、それが「日の当たる場所」であったとしたら、2人は今回と同様、必要とされる人であったのではないか。「能力がある」と裁判官が言った時、筆者もそう感じた。

彼女たちは間違いなく普通の社会でも「必要な人」になれたはずなのだ。

第7章 〝ナミ〟の帰還

――寺島春奈（28歳・飲食店勤務）
――熊井ひとみ（25歳・無職）

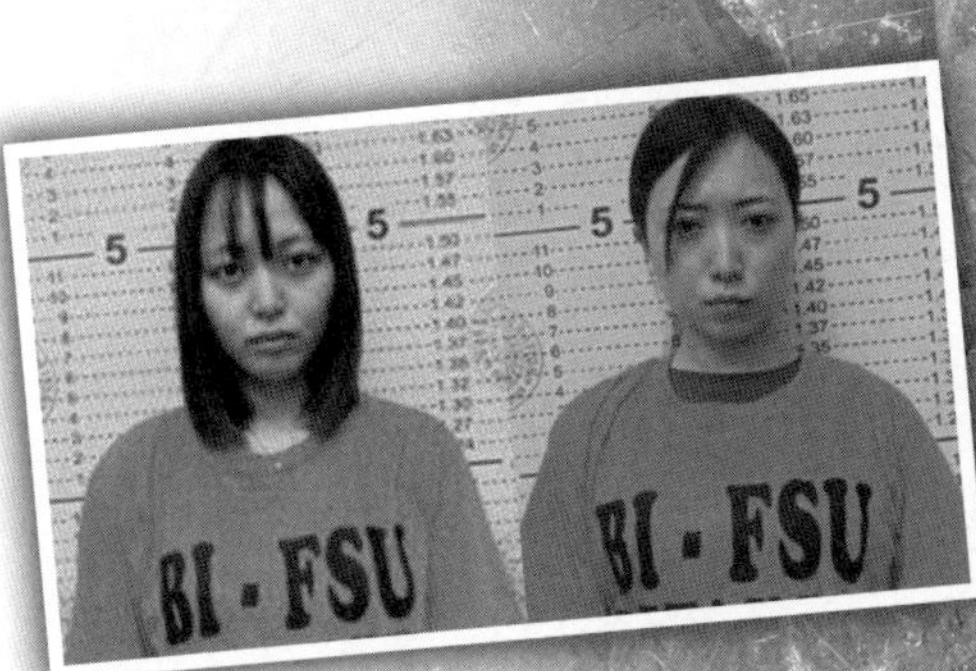

寺島（右）、熊井（左）

女容疑者への好奇の眼差し

ルフィグループの幹部とされる今村らが日本に強制送還されて3か月半が経った2023年5月24日、グループの残党ともいえるべき4人が、成田空港に降り立った。フィリピンで「かけ子」をしていた寺島春奈（28歳）、熊井ひとみ（25歳）、藤田海里（24歳）、そして佐藤翔平（32歳）だった。

今村ら幹部の帰国時と同様、この日も成田空港の到着ロビーには多くのカメラが待ち構えていた。そして屈強な捜査員に囲まれた4人が到着ロビーに姿を現すと、一斉にフラッシュが焚かれ、居合わせた旅行者は何事かと足を止めた。重大事件の容疑者移送そのものだった。

しかし、今村らのときと決定的に異なるものがあった。それは世論の反応、とりわけネット上での反応だった。

狛江事件が発生、「ルフィ」を名乗る容疑者グループの関与が浮上し、その背後には多くの若者が「闇バイト」に応募、いとも簡単に犯罪に手を染めていたという、一連の事件の構図には、SNSを中心にネット界では厳しい論調が目立っていた。

ところがこの日は違った。「2人のナミが逮捕された！」などの揶揄ともブラックユーモアともつかぬ書き込みでネットは湧いたのだった。

「ナミ」とはルフィを主人公とする漫画『ONE　PIECE』で第1巻から登場する、カネに目ざとく、かつセクシーに描かれた人気者。そして何よりも可愛いキャラクターだ。SNS上では寺島、熊井という女容疑者2人を「ナミ」に見立てて、さまざまなコメントが書き込まれた。

2人の「ナミ」の容姿がどうかは別として、筆者自身も寺島、熊井のマグショット（＝拘束後に撮影される写真）が公開されると、それ以前に逮捕された容疑者たちとは違う雰囲気に違和感を抱いた。

アングラ世界で生きる人間に特有の「翳り」を感じなかったのだ。

それと同時に、メディアによる取材合戦が始まることを覚悟した。女性で、どちらかといえば整った容姿の容疑者をメディアはほっておかない。

筆者は真っ先に過去の新聞記事を洗った。彼女たちがどういう半生を送り、いかにしてフィリピンでルフィの手下となったのか。それを明らかにするには生家周辺の取材が一番だと直感的に感じたからだ。学生時代に小さな記事にでも取り上げられていたら、その周辺に生家のあることが推測できる。調べを進めると、すぐに寺島と年齢が合致する「寺島春奈」に関する記事が見つかった。

地方欄の女

某全国紙の長野県版に「寺島春奈」の文字を発見した。それはソフトテニスの試合結果だったが、中学校名と氏名が載っていた。同年齢で別人の「寺島春奈」の可能性もあるので、筆者は古い電話帳や当該学区の地図などを駆使し、記事の主の自宅電話番号を探し当てて架電した。経験上、こうしたときの「当たり」の可能性は50％だ。

「はい……」

消え入りそうな女性の声が聞こえた。もし当該宅であれば寺島の母親だろうか。

身分を明かし、できるだけ丁寧に事情を説明した。すると電話口の相手は少し怒気を含んだ声で吐き捨てる。

「別人です。娘とは今も連絡を取り合っていますから！」

一方的に電話は切られた。「フィフティ＝フィフティの賭け」に負けたかと思いつつ、その女性の過剰な反応には違和感を拭い去れなかった。

同姓同名の別人宅にこうした取材電話をかけたとき圧倒的に多い反応は、驚きの声をあげつつも「人違い」であることを丁寧に説明してくれることがほとんどだ。確認を取らずに記事にすることなど絶対にあり得ないが、電話を受けたほうからすれば、人違いで記事にされたらたまったものではない。ただ、否定されたからには、これ以上この家の「寺島春奈」への深掘りは続けられない。

結局、その日は収穫がないままに撤退した。しかし、すぐにそれは取材合戦の「緒戦」に大きく出遅れたことを意味することを知る。

翌日以降、各メディアは筆者の当初の見立てどおり、帰国した4人、とりわけ寺島、熊井の「2人の女容疑者」を大きく取り上げていた。

その中で、ワイドショーのテレビリポーターが発した言葉に釘付けになった。

「寺島容疑者は長野市内で育ち……」

さらには、寺島の同級生とされる人物がインタビューに応じていた。

「中学時代はソフトテニス部に所属していて明るい印象でした。逮捕されたなんて信じられない」などと神妙に語っている。それを眺めながら顔を覆った。筆者が架電した家は、寺島春奈容疑者の実家に間違いなかった。

慌てて電話をかけ直すが、今度は留守番電話に切り替わる。何度電話をしても機械的な留守電の音声が虚しく響くだけだった。

まんまとだまされた。そうなると筆者に残された選択肢は直接現場に向かうことしかない。実家周辺はすでに押し寄せたマスコミによる取材に疲弊し、殺伐としていることだろう。後手を踏んだメディアに口を開く者は少ない。

寺島がどのようにして「ルフィ」の手下になったのかを知る前に、マスコミからの突然の電話を〝とっさにかわした〟寺島の両親と生家に俄然興味があった。出遅れを挽回するために、筆者はすぐに長野に飛んだ。

名門女子高隣の「名家」

長野新幹線の長野駅からタクシーで10分ほど、長野市内の北東部に住宅が広がっている。高校や大学なども点在し、戸建て住宅やアパートが並んでいる。東京郊外に広がるニュータウンを想起させるが、近くに北アルプスがそびえていることが、ここは長野県であることを改めて認識させた。

筆者を乗せたタクシーは小さな路地の入り口で止まった。近隣の高校から部活のかけ声だろうか、女子生徒の甲高い声が聞こえてくる。運転手が「長野ではもっとも歴史ある私立の女子高ですよ」と声の方向を指さし教えてくれる。

「寺島の実家」はその女子高のほぼ脇と言っていい場所にあった。二階建ての年季が入ったその住宅は、地域にすっかり溶け込んでいる。寺島の両親の世代よりも、もっと前からこの場所に立っているのではないだろうか。

インターフォンを鳴らすが応答はない。日中にもかかわらずカーテンを閉め切っていることからも、居留守の可能性が高いだろう。

しかし、最初の電話でのやり取りを考えても、万が一、家族と接触できたとしても、有力な情報を引き出すことは期待薄だ。

実家は早々にあきらめて、近隣を回ってみることにした。

寺島が育った環境はすぐに理解することができた。

地元で寺島家は「名家」だった。古くから寺島家と交流があるという地元の住民が筆者の来訪に、疎ましそうにしながらも答えてくれた。

「あんたマスコミか？　またかよ。あんな大きな事件に関わってたんだから、仕事しなければいけないのはわかるけど、あの家のことだけはあんまり悪く書かないであげてよ」

思わぬ反応に首を傾げていると、住民は言葉を継いだ。

「寺島さんは春奈のおじいさんの代からここにいるんだけど、本当に素晴らしい人で、このへんの人間はみんな世話になってるんだ。すぐそこに高校があるだろう。おじいさんはそこで美術教師をやっててね。教育者というのはこういう人を言うのか、ってぐらい素晴らしい人だった」

寺島の祖父はすでに亡くなっているというが、近所で困っている人がいればボランティアで顔を出すなど、地元住民のために尽力した人だった。さらには寺島の祖父に家庭や子育ての相談を持ちかける人も多く、そのたびに嫌な顔ひとつせず丁寧に接していたという。それを象徴するように、生前には玄関先に日本赤十字社のマークが入った表札が掛けられていた。多額の寄付をしていたのだろう。話を聞く限り、非の打ちどころのない地元の名士だった。

そして、程度の差こそあれ、この地域を回れば回るほど、名家としての評判が重なっていった。寺島の父親について話す住民もいた。

「春奈ちゃんのお父さんもおじいさんと同じく高校の教員でね、定年まで勤め上げたんですよ。お父さんは公立高校でしたけど。お父さんもおじいさん同様、地域のために汗をかいてくれる素晴らしい人です。おじいさんの教え子か、お父さんの教え子かはわかりませんが、若い方が寺島家に出入りしている姿を何回も見たことがありますよ」

まさに「名士」として、そして「教育一家」として寺島家はこの地に根付き、周囲の信頼を得ていた。それならなおさら、寺島家から新聞を賑わす者が出たのは意外だったのでは、と意地の悪い質問をしてみた。

「それはびっくりしましたよ。同姓同名の似ている子が捕まったのかな、としか思っていなかったんですけど、地元の新聞記者さんが訪ねてきて、娘さんだと聞かされた時には声が出ませんでした。小さいころしか知らないけど、元気よく挨拶してくれる本当にいい子でした。3人きょうだいだけど、みんないい子ですよ、あそこのお子さんたちは」

異質な証言

寺島の実家周辺を回れば回るほど、ルフィとの関係が遠ざかっていくような感覚にとらわれた。住民が口にする「なぜ寺島さん家の子が闇バイトを……」という疑念と動揺は、よそ者の筆者にはわからない。ただ、寺島春奈という人間が抱える仄暗い何かを感じた。慎重に周辺取材を続けていくと、ある証言にたどり着いた。

幼少のころから寺島を知っているという、寺島と同じぐらいの年ごろの娘を持つ女性だった。女性は多くの近隣住民がそうであったように、寺島の両親に対し好い印象を抱いていることや、少なくとも幼少期の寺島が、名家の子女であったことを裏付ける証言をした。しかし「なにか悪い道に進むきっかけなど思い浮かびませんか？」と水を向けると、何かを思い出したような表情を見せたのち、ポツポツと語り始めた。

「春奈ちゃんが中学か高校の時です。遅い時間ですけど、自宅の2階のベランダでタバコを吸っていたんです。それも一度や二度じゃなく何度も。そりゃあ高校生ぐらいになれば背伸びする子もいますけど、寺島さんちの子に限ってはそんなことないと思っていたので、すごく驚いたのを覚えているんです。ご両親にそっと教えようと思ったこともありますけど、気が引けて……」

どんなに「秘めたる話」かと前のめりになったが、正直、拍子抜けした。しかし「良家の話」ばかり聞かされていた筆者には、寺島が立体的になってきた。高校入学前後に何があったのかと――。

高校中退

寺島の小中学校時代の同級生に当たることで、すぐに「タバコ」の裏付けが取れた。地元の青年となった同級生は少し興奮気味に話した。

「一番覚えているのは、モテたことかな。やっぱり昔から可愛かったですから、男子には人気ありましたよ。小学校のときはおしとやかなイメージもあったけど、中学になると活発で、ソフトテニス部に入るとますます人気が出た感じですね。高校は別の学校だから、よくわからないですけど、高校に入ると悪い連中とつるむようになって、退学したと聞いてました」

悪い連中とはどんな人間だったのだろうか。

「このへんは田舎だから〝本当の悪さ〟をするわけではないですよ。夜中にコンビニでたむろしたり、禁止されているカラオケに行ってタバコ吸ったり、原付で二人乗りしたり。そんな程度でも田舎じゃ『ワル』と見られます。制服のスカートを短くしたり、派手な格好をするだけでもね。なぜそんなことをしたかって？　自分がいる環境が息苦しかったんじゃないですか。寺島の家は教師一家で、名家だと周りから見られているのは寺島も感じていたと思います。実際、寺島のきょうだいもみんな優秀でした。ただ寺島にはそう振る舞うことができなかった、それだけじゃないですか」

シンプルな答えではあったが、納得できた。

「高校を中退したあと、寺島が権堂（＝長野市随一の繁華街）でキャバ嬢をしてるって噂が流れたんですよ。まだ18にもなっていない年だから、お姉ちゃんの身分証を使って働いてるとかって話題になって。そっとしておいてあげればいいのにな、って思ってましたけど……」

周辺を取材していると、生育環境の良さを感じた。都会育ちの筆者にとっては、自然や、地域のつながりというものに憧れを抱くことがある。ただ、土地の人にとってはその濃密さに辟易することもある。ただでさえ寺島家は「名家」の名を轟かせていた。取材中も「寺島春奈」という個人名よりも「寺島さんちの子」と捉えている住民のなんと多かったことか。しかし、寺島はそんな地元を悪く言わなかった。別の女性の同級生は寺島に好意的だった。

「20歳のときに同窓会をしたんですけど、東京からわざわざ参加してましたよ。その時に東京ではやりの〝ギャル〟の格好をしていて浮いてたけど。たしかにこのへんじゃ、高校中退には『ワル』のレッテル貼られるけど、堂々としていましたよ。楽しそうにお酒を飲んで、久しぶりの地元を満喫している感じでした。同級生ですから、会って話せばすぐに昔の春奈に戻ってましたね」

六本木のキャバ嬢

しかし、その時、彼女は自分たちの知る寺島とは違う一面を目の当たりにしていた。

「結構お酒を飲んだ後だったんですけど、彼氏と同棲しているとか、そんな話になったんですよ。『よくそんな生活、親に反対されないね』って聞いたら、『周りの目を気にするのはもうとっくにやめてるから』ってキッパリ言ったんですよね。だから〝地元用〟の格好をしてこなかったのかな、と妙に納得しましたね。いい子、良家のお嬢様はもう演じないと。私からしたら、春奈が遠くに行っちゃったようで寂しかったですけど、そういう生き方も決して悪くないな、って思ったのを覚えています」

良家のレッテル。それをかなぐり捨てるように、寺島は自分の道を突き進んでいく。

それ以降、寺島は地元から消えた。そのかわり、目撃されたのは東京・六本木だった。六本木の交差点で寺島とばったり出くわした同級生がいた。その時寺島は「今、ここでキャバ嬢をやってるの」と胸を張ったという。

残念ながら取材班は、寺島が在籍していたキャバクラ店にたどり着くことはできなかった。しかし、週刊誌には以下の記事があった。


「働いてたときは髪も明るくて、盛ってたからね。勤務態度はたまに当欠（当日欠勤）するくらいで真面目なほうだった。トークもうまくて人気はあったほう。彼氏なのかわからないけど、男にお金を貢いだりで借金があったと聞いてる。ある日、突然、連絡もなく辞めたんだけど、噂では別の店に行ったとか。まぁこの業界では珍しくもない話だけど、やはり昔からお金が最優先だったんだろう」（週刊ポスト　２０２３年5月5・12日合併号）

長野を出た寺島は、自由に、気の向くままに生きていたのだろう。そんな寺島はフィリピンでのリゾートバイトだとだまされ、ルフィたちのところに流れ着いたとされる。

夜の街の人脈がフィリピンに向かわせたのだろうが、その経緯も詳細も現在のところ明らかになっていない。寺島が日本への送還以来、事件に関して一貫して黙秘を続けていることに起因している。おそらく、一連の事件の判例からしても「かけ子」をしていた寺島の実刑は免れないだろう。

「ナミ」を〝応援〟するネット掲示板には、罪を認めて反省の態度を示し、情状酌量を得れば減刑されるのでないか、という意見が散見される。

現在の司法が反省を促す場ではなく、過去の判例から単純に刑期を当てはめるだけの「作業」となっている以上、それも言下に否定はできないと感じるが、何より寺島は黙秘を貫いているがために、保釈すら認められていない。

ただ、「黙秘」という選択に、周囲の目を気にすることなく、自分の選択した道を信じて進む寺島の〝意地〟というものが垣間見えないか。

すでに日本で逮捕状が発布され、フィリピンにも手配書が回っていた2023年2月末、寺島はフィリピンの入管施設をビザ延長のため自ら訪れ、そこでそのまま拘束された。その時すでに「ルフィ」ら幹部は日本へ強制送還され、グループは瓦解していた。

そこで、入管職員から「Can you speak English?」と問われ、ほとんど返答できなかった。カネを稼ぐ手段もなく、英語も理解できなかったのだ。それでもフィリピンでの生活を続けようという意地はあった。寺島は27歳になっていた。

ミスコン

寺島と同様に「ナミ」と呼ばれた女がもうひとりいる。

冒頭の空港で、フラッシュの放列のなか、オーバーサイズのパーカを目深に被り、腹部を気にするそぶりをみせつつ、ゆっくりと歩いていた女、熊井ひとみだ。

東京・三鷹市に生家がある熊井も、地元では「名士」の子女とされ、近所からは「熊井さんちのお嬢さん」と呼ばれていた。

熊井の祖父は林業従事者の労働組合から、かつて存在していた社会党右派が結党した政党、「民社党」所属として高知県議に立候補して当選。1999年の選挙で、31票差で落選するまで、5期を務めた記録が残っている。祖父は落選後、熊井の父に当たる息子夫婦、そして熊井と同居するため、高知から三鷹に居を移した。

サラリーマンの家庭ではあったが、祖父の庇護もあり、熊井は幼少期から英語教室に通い、海外にホームステイに行くなど、十分な教育を受けていた。

小学校の卒業アルバムには将来の夢として「通訳」を挙げ「夢をかなえるためには努力することが不可欠とわかりました。語学や教養を身につけて、少しずつ夢に向かって突き進んでいこうと思います」とけなげな思いを記している。

その後も周囲からはコツコツと勉強するようなおとなしいイメージで見られていたが、高校を卒業すると、２０１８年、２浪の末に美術系大学の名門、多摩美術大学に入学している。

そんな熊井は入学早々、イメージを払拭するような意外な行動に出る。

全国の大学生で、「日本一の新入生を決める」と銘打たれたミスコン「フレッシュキャンパスコンテスト」、通称「フレキャン」に応募したのだ。そしてファイナリストに選出される。その応募動機について、熊井は思いを綴っている。

「私は今までこういったコンテストなどの大きな舞台で競争したことはありませんでした。自分の中で何かしらの転機になればいいなと思いエントリーしました。インスタなど宜しければ見てください（*^^*）」

紛れもなくこのミスコンが熊井の転機となった。

しかし、それは望んでいた方向ではなかった。

ミスコンのホームページに自身のＳＮＳがリンクされ、顔写真とともに載った。すると、熊井のもとには大量の〝怪しげな〟メッセージが押し寄せる。ある意味、それまでの人生では考えられないほど、他人からの注目を集めたのだ。

そこには「お小遣いをあげるから遊ぼう」「3万円払うから食事に行こう」等々、いわゆる「パパ活」まがいのメッセージが殺到したのだ。

カネに目が眩んだ、というのが正直なところだろう。調べを進めると、熊井がそうした、怪しい誘いに乗ったいくつかの形跡を確認することができた。

大学時代の同級生はこう声をひそめる。

ミスコン出場時のプロフィール（Webより）

「大学に入ったときは、いわゆる美大生的な個性はなく、どちらかというと地味なタイプでした。でも、ミスコンに出たあたりからヴィトンとかエルメスとか、ブランド物ばかりを身に着けるようになっていました。大学生がアルバイトで買えるようなものでは決してなく、『それ、どうしたの？』と聞くと、『SNSで知り合った人にもらった』って笑ってました。それってパパ活じゃん、って思ったのを覚えています」

その後の熊井はSNSの「ライブ配信」に力を入れ、同時にモデルの仕事を始めた。自らの美貌をカネに換えていったのだ。

身の回りのブランド物の数と反比例するように、大学への出席日数は減っていく。そして、ミスコン挑戦からわずか1年ほどで、2浪してまで入った大学に通わなくなり、ひっそりとキャンパスから去っていった。

美大中退

美大生という肩書を放棄した熊井は、アルバイトを始めようと思い立ったようだ。その時に頼った人脈は、ミスコンのときにDM（ダイレクトメッセージ）を送ってきたひ

とりで、大学生ながらキャッチをしていたSだった。そのSとはウマが合い、いつしか食事に行く関係になっていた

Sが最初に熊井に紹介した仕事はキャバクラだったが、熊井は興味を示さなかった。それならばとSが紹介した仕事は、「テレフォンアポインター」というものだった。そのアルバイト先は海外、フィリピンだというのだ。

「1か月で50万円、100万円を稼ぐ人もいる」とSは甘言をささやき、「簡単に稼げる仕事だ」と熊井を執拗に勧誘する。

「それは大丈夫な仕事なの？」と熊井は訝しむ。

「大丈夫、自分の知っている人がやっている仕事だから。とりあえず1か月だけでもいいからやってみたら？」

そう言われても、懸念は払拭できない。しかし結果として、熊井はカネとSの言葉に屈した。得意の英語を活かせる機会があるかもしれない、そんなきれいごとで不安を打ち消した。

ミスコンから1年半後の2019年10月、熊井はフィリピンの地を踏んだ。

しかし、案内された「アルバイト先」で熊井は耳を疑うような言葉を聞くことになる。

「もしもし、私は●●警察署の警察官の○○と言いますが……」

　肩から入れ墨をした男、髪やひげが伸び放題の男たちが一心不乱に電話に向かい、警察官をかたっている。突如、怒鳴り声が聞こえてくることもあった。電話の向こうの誰かを脅すような口ぶりだった。

「話が違う！」。熊井はすぐにSに連絡を取った。怒気を込めて追及し、帰国を申し出たがのらりくらりとかわされた。

「まぁまぁ、たった1か月だからさぁ」

　熊井はこの時、自分が「だまされた」ことを悟った。

ささやかな抵抗

　マニュアルと電話番号が載った名簿を渡された。最初に見た入れ墨の男と同様、電話をかけるよう指示された。しかし熊井はここで「ささやかな抵抗」をする。机に突っ伏すと、微動だにしなかったのだ。

　すると、すかさず手元の電話が鳴る。渋々出ると、ルフィグループの幹部である渡邉からだった。

「あのね、日本の住所もわかってるんだよ……」

冷淡な口調に恐怖を掻き立てられた。それは言外に「親兄弟に危害を加える」という脅しだと理解した。熊井は屈した――。

軟禁状態と思われる環境下に暮らす一方で、この魔窟から逃げ出す手段と機会が熊井には〝与えられていた〟。フィリピンで「かけ子」として働かされていた多くの若者が、スマホをルフィグループに取り上げられていたのに対し、なぜかスマホの使用を許されていたのだ。それもあってか、日本にいる母親とは定期的に連絡が取れた。

当初は2〜3週間と母親に言っていたフィリピン滞在が、また数日と延びるたびに連絡を取り、その旨を伝えていた。それを聞くたび、母親は疑念を深めていった。

国内でのオレオレ詐欺の報道をみるにつけ、母親は娘が何か犯罪組織に加担しているのでは、と思っていた。それを問いただすと娘は「警察には言わないで」と懇願した。命の危険があるかもしれないと思い、母親は具体的なアクションをためらってしまう。

しかし、事態が急転した。熊井がフィリピンに渡ってから1か月半、2019年11月14日、グループの拠点となっていた廃ホテルが現地警察に摘発され、そこにいた「かけ子」36人が身柄を拘束された。

ルフィの幹部4人と、熊井ら一部のかけ子は運よく拘束を免れた。しかし拠点が潰された以上、熊井ら残ったかけ子は、恐怖や脅しによる支配から一旦は逃れることになった。このタイミングで現地の警察に出頭するという選択肢もあったはずだが、熊井が選んだのは、かけ子を続けることだった。

その後、残ったルフィグループは拠点をいくつも変えた。そして熊井はあれだけ抵抗した詐欺の電話を進んでかけ続けた。

だまされた男

熊井も前章の山田と同様、「成績優秀」だった。その労いで、幹部らにセブ島旅行に招かれたこともあった。そしてはたと気づいた時にはかけ子の仕事に没頭していた。

かけ子グループのリーダー、2歳年下の藤田海里(24歳)の存在が熊井をフィリピンにつなぎ留めた。藤田も「高額バイト」の誘いに乗った結果、だまされるかたちでフィリピンに渡っていた。慣れぬ土地での生活、似た境遇。二人が男女の仲になるまで、そう時間はかからなかった。

「当局に逮捕されて、離れ離れになるならば、今のままがいい」

のちに法廷で省みた藤田との恋は、どん底のなかに差すひと筋の光だった。結局、藤田の下での「かけ子生活」は1年半近くにも及んだ。

そして2021年3月、熊井のスマホが震えた。渡邉らルフィグループ幹部4人がフィリピン当局に拘束されたというニュースが飛び込んできたのだ。

「これで危害を加えられることもなくなった」

二人は安堵した。そしてかけ子生活から、足を洗う決心をしたのだった。

しかし、帰国するという選択肢はなかった。それから約2年、二人はフィリピン国内で逃避行を続ける。観光ビザでフィリピンに入国した二人がどのように生活していたのかは定かではない。裁判でもその期間に関しては証言を拒否している。

2023年、「ルフィ事件」が露見すると、国際問題に発展しかねないと危惧したフィリピン当局がようやく重い腰を上げた。特殊詐欺事件の捜査を本格化、ルフィグループの残党たちの関与を確認し、検挙に乗り出した。

このとき民泊施設のようなところで生活をしていた二人も拘束された。熊井は藤田の子を宿していた。

法廷での告白

その後、二人は強制送還され、窃盗罪で裁きの場に立つことになった。熊井には懲役2年（求刑同4年）、そして藤田には懲役3年（求刑同6年）の実刑判決がそれぞれ言い渡されている。

二人が起訴された事件に関しては合計約600万円の被害が確認されている。しかし、その全てにおいて弁済がなされた。8歳上の熊井の姉が被害弁済金と示談金を負担したのだ。

熊井は帰国して約3か月後、拘置所内で藤田の子を出産している。父親となった藤田は法廷で、裁判官に「お子さんの顔は見ましたか？」と問われて、「接見禁止がついているので、顔も名前も、どうしているかもわからない」と答えている。

裁判を通して熊井も藤田も、「罪を償った後は、生まれた子どもを含めた3人で生活をしていきたい」と未来を語った。熊井と藤田の両親も金銭面を含めて支援をしたいと証言したことは、殺伐とした事件の一連の裁判のなかで唯一の救いとも言えるものだ。

結局、2人目の「ナミ」は自らの意思に反してルフィの子となった。言葉巧みにだまされて渡航、結果「闇バイト」に手を染めた。熊井は自らの意思で、何度も帰国し、贖罪する機会があったから、同情することはできない。南の国で意気投合した仲間と逃避行を続けた挙げ句、被害を大きくした。

まだ自らの意思で立つこともできない子どもに、両親の懲役刑は重くのしかかる。我が子と離れ、塀の中にいる母親である熊井は何を思うのだろうか。

一連の裁判で熊井は「被害弁済はしたのだから、子のためにも執行猶予が必要」との主張を繰り返した。しかし、熊井と子を引き離したのは法ではなく、熊井自身が犯した罪に起因するものだ。その子もまた、ルフィの被害者なのだ。

第8章 ルフィ後の強盗事件

——瓜田翔（20歳・とび職）
——土岐渚（22歳・とび職）
——江口将匡（20歳・専門学校生）

瓜田（中央）

狙われた「金塊の家」

2023年2月26日午後、福島県南相馬市。

瓜田翔（20歳）はその家の門の前に立つと息を潜めた。

ターゲットとして指示役の石志福治（27歳）に指定された家はあまりにも大きい。見れば、敷地内には復興作業員のためと思しき簡易住宅が建てられている。朱色の門をくぐっても母家までたどり着くには数十メートルもある。誰に見られるかわかったものではない。そもそも数時間前、下見のために、道を聞くふりをして家主と接触したが、その目には明らかに不審の色が見てとれた。

警察など呼ばれてないだろうか……そんな不安が次々と押し寄せてくる。しかし、そんな不安を追い払ったのは「カネ」の存在だった。

目前の屋敷を見れば見るほど、「この家には〝金塊〟が溜め込まれている」という指示役の話に説得力を感じるようになっていた。強盗の報酬は800万円を約束されていた。それだけの大金があれば人生をやり直せる。瓜田はここ1、2年の間に自らの身に起きた出来事を噛み締めていた。

そのとき、横にいた江口将臣（20歳）は「話が違う」と口に出しそうになっていた。瓜田に貸したカネを「返す」と言われ、運転手役を引き受けたのに、まさか凶器を片手に民家に押し入ることになるなど思いもよらなかった。

瓜田からは「俺の仕事を手伝えば、借りているカネに色をつけて返すよ」と言われていた。もともとは自分のカネなのに、その言葉に目が眩んだ。ただ、瓜田は高校時代からの親友なのだ。ほっておけない、というのも本音だった。

一方、土岐渚（22歳）は自らの会社のためにはなんとしてもカネが必要だった。その額は400万円。借金を返さなければ会社が潰れてしまう。雇っている若い従業員達を露頭に迷わすことはできない。父親からカネを借りてしのいできたが、もう限界だった。

それならカネを持っているヤツから奪うまでだ。働きもしないヤツがカネを溜め込んでいるのが間違ってる。これはある意味、世直しだから退く理由もない。誰よりも覚悟が決まっていた。

そして、3人はハンマーやパイプレンチなどを手にその屋敷に押し入った。

ルフィ逮捕後の強盗

事件の19日前――。

2023年2月7日、一連のルフィ事件をめぐり今村磨人ら4人がフィリピンから日本に強制送還され、逮捕された。ふてぶてしい表情で羽田空港を歩く今村らを映し出すニュースを目にしながら、連日報道されていた広域強盗事件が、これで終結するのだと安堵した国民は多かったはずだ。

その時、取材を続けていた筆者は旧知の人物の言葉に戦慄を覚えていた。

「減るわけないだろ。近いうちにまた起きるよ。次は福島や宮城で起こると思うね」

そして、3週間も経たずにその〝予言〟は現実のものとなった。

民家に強盗　男数人逃走　福島・南相馬　住人77歳　殴られ重傷

26日午後3時40分頃、福島県南相馬市のAさん（77歳）の家族から、「父親が血だらけになっている」と110番があった。Aさんは自宅に侵入してきた数人の男に棒状の物で殴られ、現金数万円などを奪われたといい、頭の骨を折る重傷。県警は強盗致傷容

疑で逃げた男らの行方を追っている。（読売新聞　２０２３年２月27日付　※記事では被害者は実名）

瓜田らが起こした事件は記事を読むに、一連の「ルフィ事件」の手口と同様だった。（ルフィの残党がいるのか……）そう感じずにはいられなかった筆者は〝予言〟をした男の元に出向いた。

名簿屋の予言

例の名簿屋を訪ねると、挨拶もそこそこにまくしたてた。

「ほら言っただろう。ここ数か月福島や宮城あたりの名簿がよく売れていたそうだ」

そう言うと、「最新のものではない」と断りを入れた上で当該名簿を見せてくれた。

そこには、名前、住所、年収や資産など、詳細な個人情報が載っていた。

とくに資産額が大きい人物については、自宅近くの防犯カメラの位置まで記されていることに驚かされた。これは強盗のためのリストと言っていいだろう。名簿屋に疑問をぶつけた。

「強盗用？　うん、そう思ってもらってもいい。2008年ころ、オレオレ詐欺全盛期に全国の『ターゲットリスト』というものがほぼ完成してたんだけど、それが近ごろ、更新されるようになった。当然、今起きている強盗にも使われていると思うね」

個々の資産状況などは当然、日々変わっている。15年前のものともなると、それはすでに当てにならないと言っていい。しかし、こうしたリストを作る業者は、過去の名簿をベースに、アンケートと称して電話をかけたり、実地調査に赴くなどして、そのリストを更新していくのだという。時にはカード会社や銀行からの流出データを紐付けることもある。

その動きがここ2、3年活発になっていた。それも福島、宮城が圧倒的に多かったという。当初は、特殊詐欺のためのリスト更新だったが、それが2021年末ごろから防犯カメラの位置なども付記された「強盗用リスト」に転じていったという。

なぜこの地域のリストの更新が活発なのか、その理由は想像どおりだった。

ターゲットは震災復興予算

「大量に入った震災の復興マネーがダブついていることに気づいたんだろう」

　２０１１年の東日本大震災以降、復興予算として政府が組んだ予算は10年間で32兆円。さらに東京電力による賠償金なども含めると、確かに巨額のカネが被災地に流れ込んでいた。ここ数年そうした資金に群がるように、詐欺事件が頻発していたことは感じていた。しかし、なぜ「詐欺リスト」が転じて「強盗リスト」となったのか。名簿屋は話す。

「今さらオレオレ（詐欺）とかやったところで、昔に比べたらアガり（儲け）は少ないからね。今では高齢者も警戒しているし。それゆえ投資詐欺がはやったんだけど、頭を使うその手の詐欺は手間ひまがかかる。バカにはできない仕事なんだよ。そうした「投資詐欺用リスト」を買う組織は限られている。しかし、強盗用に情報をバージョンアップしたリストを作ったら売れた。タタキ（強盗）のような、荒っぽい仕事をやっている連中が軒並み買っていったんだ」

　こうしたリストは一件につき「牛丼一杯分の値段」で売られるという。１万人分集まれば、それを複数の組織が買うと考えたら、リストを作る業者が手間ひまかけるのもうなずける。闇リストを作る業者、販売する業者のほかにも、偽造免許証や架空名義で契約された「飛ばし携帯」業者、裏の人材派遣業者まであり、ひとつの産業構造を成しているのだ。そしてそれぞれの業者間で、競争原理が働くこともある。

日本で最初の「オレオレ詐欺」は2003年だと言われている。20年という年月が、こうした犯罪グループがより複雑化し、暗躍する土壌を形成した。

筆者は名簿屋に確認したかった。今回の被害者はリストに載っているのかと。

「あぁ、この事件が起きたとき確認したけど、家族構成や想定資産が載っていた」

ルフィグループが壊滅した後に起きた事件だ。模倣犯ではなく、ルフィとは別の組織が関与しているのだろうか。

「間違いなくそうだ。ルフィとは別だ。こういうリストは素人には買えないよ」

十数年前の闇名簿

数日後、この話のウラが思わぬ形でとれることになる。

被害男性の妻が警察を通してマスコミに周辺取材などの自粛を呼びかけるとともに、

こんなメッセージを発表したのだ。

「私と夫は突然の被害に死を覚悟しました。

今も、よみがえる恐怖もあり混乱の最中にいます。

夫の名前の載る闇リストの存在は震災以前から承知していたにもかかわらず詐欺被害を被ってしまい、民事裁判や刑事裁判に巻き込まれた事実も有ったことから、私たちなりに日々防犯に努めていましたが、このような事件に逢ってしまいました」（原文ママ）

十数年前、福島県では、特殊詐欺事件の捜査段階で押収されたリストに名前などが載っていた人物に対し、警察から注意喚起をしたことがあった。そして当該リストに含まれていた一人が、今回の事件の被害者だったという。

マスコミ各社には警察から「周辺取材の自粛要請」が出されたが、それにはあえて触れず、被害者が「昔の名簿」に載っていたことに注視する報道が続けられた。テレビは被害者宅がいかに広大かをリポートし、新聞の社会面には大きな空撮写真が掲載された。

たしかにそれを見るだけで、この地域の名士だったことが伝わってくる。

同時にこの場所で、被害者である70代の夫婦が見えざる恐怖に怯えながら暮らしていた日々を思うと、実行犯だけでなく、名簿販売業者も非難されてしかるべきだ。

悪びれる様子のない名簿屋の話を鵜呑みにするのはシャクではあったが、筆者はこの事件を深掘りすることを決めた。「ルフィ」とは違う組織による犯罪が起きている。一連の報道ではなにか「詰めの甘さ」を感じていたからだ。取材を続ければ、新たなる組織像がおぼろげながら見えてくると思ったのだ。

闇バイト仲間は同級生

闇バイトを使う組織にとって何より恐れるのが組織のトップが〝めくれる〟(逮捕される)ことだ。そのため個々の繋がりは極力排除しておく。「テレグラム」という通信記録が消去されるアプリを使うのもそのためだ。闇バイト仲間は、お互いの名前すら知らないというのが常識だ。

過去に取材したある特殊詐欺の組織では、お互いをフルーツの名前で呼び合っていた。「あまおうさん」「マスカットさん」「デコポンさん」……。

果実の名前で呼び合う男たちの姿はなんともシュールではあったが、当人たちは本気だった。徹底してつながりを排除しておくというのは、その世界では〝常識〟なのだ。

しかし、今回の事件に関しては、事件当日に逮捕された瓜田翔と、その翌日に逮捕された江口将匡（20歳）が高校の同級生だったということがわかり驚いた。同級生同士が闇バイトに応募する。単純に逮捕されるリスクが倍になるだけではなく、出身校や同窓生にも迷惑がかかるのは自明なのに。福島に同級生を誘い、ドライブにでも行くような感覚で強盗をしに行ったとでもいうのだろうか。

多摩ニュータウンの残像

東京の南西部、八王子市など4市に跨る多摩丘陵に開発された多摩ニュータウン。瓜田は事件当時、その巨大な団地群の一角に住んでいた。１９７０年から入居が始まったという多摩市貝取団地。今も７０００人以上が住むエリアだ。

手始めにこの地区を歩き、瓜田の親しい知人を探そうとしたが、早々に挫折した。マンションの階下にある駐輪場には高齢者用のシルバーカーが多く並び、かつては子どもたちの歓声が上がっていたと思われる公園は高齢者に占拠されている。地域にはお年寄りばかりが残り、若者がほとんどいないのだ。ただ、こうした背景を持つ団地だからこそなのか、若い住人である瓜田のことは多くの住民が記憶していた。

「引っ越してきたのは15年ぐらい前かしら。男だけの4人兄弟でとても賑やかな家、いや、ヤンチャというほうが適切かもしれないですね。翔くんは確か次男になるのかな？中学生ぐらいまでは見た目も純朴、素朴という感じだったんですけど、高校生になるとどんどん派手になっていって、バイクを乗り回していましたね。ただ、会えば普通に挨拶をしてくれるし、いい子でしたよ」

そう語る住民がいる一方で、真逆の感想を述べる住民もいた。瓜田が中学のときに息子が同級生だったという保護者だ。

「瓜田くんの代は中学校が荒れていたというか、いろいろと問題があったんですけども、その問題児について回っていた子っていうイメージです。自分から何かをするわけじゃないですけど、グループの隅っこにいたというか、パシリ的な？　だから、今回逮捕されたとき、指示役ではなく、実行犯と聞いて、何かしっくりきました」

我々記者で言うところのこうした「薄い証言」はいくつか集まる。それだけでも瓜田の人間性はおぼろげながら見えてくるが、ここを深掘りしても闇バイトに手を染めた理由に到達することはできなかった。

やんちゃな先輩

巨大な団地を見渡すと、夜の8時だというのに明かりが消えている部屋が多くを占めていた。もう寝静まったのか、そもそも空き家なのか。その時、静寂を切り裂くような爆音が鳴り響いた。

近くのコンビニに止まった車高の低い車からだった。一瞥すると〝いかにも〟な若者。年は20歳前後だろうか。瓜田もたしか20歳だった。何か知っているのではないかと思い、小走りで近づき話しかけた。

「ウリタ～？　あー瓜田！　自分の後輩ですけど、どうしたんすか？　え、逮捕された？マジで？　何やらかしたんですかぁ。え～ウケる！」

瓜田の逮捕からすでに1週間が経っていたが、このあたりではそれほど話題にはなっていないのだろうか。スマホでＹａｈｏｏ！ニュースを開いて、若者に見せる。

「強盗？　闇バイト？　マジか。オレ2週間ぐらい前アイツに会ったときに『しっかりしろ！』って言ったんすよ、ちょうどここで……」

たまたま話しかけた若者は瓜田の先輩で、中学時代から繋がりがあったという。詳しく話を聞かせてほしいと頭を下げると、「別にイイいっすよ、ヒマなんで」と即答する。

「瓜田の中学校時代は普通すよ。勉強はできないけど、悪さをするタイプじゃない。というかする度胸がない。不良グループにいたものの、ついて回るだけの存在。高校に入っても同じ、見た目はヤンキーみたいになっていたけど、オレとか、地元の先輩にはちゃんと挨拶するヤツだった。この辺じゃどこにでもいるタイプかなぁ。高校生の時にコツコツとバイトしてホンダのCB400っていう中古で50万円ぐらいのバイクを買うぐらいだから、真面目といえば真面目だったのかもね」

その瓜田は高校を卒業すると、造園業の会社に就職、職人見習いとして社会への一歩を踏み出す。勤務態度は真面目、雑用ばかりだったが、楽しそうに働いていたという。

しかし、そんな瓜田にも転機が訪れる。それは自身のSNSにも上げているが、強盗事件を起こす前年、2022年春頃のことだった。

3か月の入院生活

「実は私、入院しています。右半身が動かなかったし、まだ動いていません。みんな元気がないですが許してほしい」（瓜田のSNSより原文ママ）

仕事中、急に右手に力が入らず物を落としてしまうということが頻発した。車の運転をする瓜田は周囲の勧めもあり、大きな病院で検査をすることになったという。

しかし、検査を繰り返しても、原因は不明。血行不良などが遠因ではないかということで入院し、対症療法を数回行った。結局、治癒し、退院するまでには3か月もかかった。その先輩は当時の瓜田の様子を覚えていた。

「SNSを見ても明らかに落ち込んでいたよね。19歳で一番の遊び盛りなのに、しんみりと入院ですから。落ち込んだ瓜田を見たのは後にも先にもなかったかも。でも、退院してからは、入院した日々を取り返すように派手に遊ぶようになったね」

結局、造園の仕事をやめた瓜田は鬱憤を晴らすかのような日々を過ごす。ビール一杯290円の安酒場で友人たちと飲み明かし、バーベキューや海釣りにも繰り出した。まさに青春のひとときだ。

さらに、入院生活を含めて、瓜田の支えとなる女性が現れてもいた。

「たしか『大阪に彼女ができた』って喜んでいた。だからよく向こうに行ってましたよ。『仕事もしてないのに、よくカネがあるな』って周りにイジられてたけど」

それまでの瓜田には〝浮いた話〟などなかった。しかし、それ以後は無理をしてでも大阪に足を延ばすようになっていた。

そのカネは？　実は詐欺まがいの話を持ちかけて、知人たちからカネを集めていた。

「『今、金とか株とかに投資すれば倍になる』というような出どころ不明の怪しい話をされたヤツとか、『コロナの給付金詐欺』を勧誘されたヤツもいたみたい。とにかく手当たり次第に知人や後輩に声を掛けカネを集めていた。本当に投資したのか、アイツが使ったのかはわからないけど、投資したカネが戻ってきた人間はいなかった。アイツは自分でも『詐欺に巻き込まれてしまって』などと言い張っていたけど、結局は瓜田自身が返済するってことでカタがついたみたいです。100万円は借金があったんじゃないですか。事件の少し前にここで会ったとき、『お前、借金はちゃんとキレイにしろよ』って言ったら、『わかってます、すみません！』と返事をしてました」（前出の先輩）

カネを返さずにSNSで遊び呆けている姿を発信し続ける瓜田に苦言を呈する者もいたりして、肩身は狭まっていった。そんな瓜田は再び働き始め、とびの会社に就職した。しかし、それも長くは続かなかった。

とびの会社の代表が訥々と話す。

「『とにかく働かせて下さい！』などと言う、真面目な子でしたよ。仕事の覚えも早かったけど、仕事仲間と積極的に交流するタイプではなかったですね。1か月もすると、急に姿を現さなくなって。私から連絡を取ったら飛んできて『申し訳ございません！』とひたすら頭を下げていましたね」

この2か月後に強盗事件を起こすのだが、実は、その瓜田のSNSで「友人」と紹介されているアカウントがある。

ハーレーダビッドソンの男

100万円以上するバイク「ハーレーダビッドソン」の前で、カメラに背を向けポーズを取る青年。その背中には大きな「A」のロゴ。青年の友人がデザインしたパーカだと説明されている。瓜田の共犯者、江口将臣（20歳）だ。

　このハーレーダビットソンは高校時代、江口がアルバイトをしたカネで買ったものだ。瓜田が育った多摩市の隣、八王子市に育った江口は進学した都立高校で瓜田と出会った。バイク好きだったこともあって、すぐに仲良くなったという。２人してツーリングに行くことも多かった。高校を卒業すると、アパレルの専門学校に通い、瓜田とは別の道を歩むことになったが、両者の関係が途切れることはなかった。

　２人の高校の同級生が明かす。

「本当に仲が良かったですよ。瓜田からカラオケに誘われると、横に必ず江口がいるといったような。ウチの高校は大学に行く人はあんまりいないから、とくに3年生になると、就職前の人生最後の遊べる時間を謳歌するといった空気があるんですけど、２人で深夜にツーリング行ってきた、というような話をよくしていましたから」

　江口はバイク以外にも、一眼レフ片手に旅をするという趣味もあった。撮り溜めた写真をＳＮＳにアップすることもあり、仲間内では〝おしゃれなヤツ〟と一目置かれていた。アパレルの専門学校への進学もピッタリではないか、と思われていたそうだ。

　その江口が強盗事件を起こして逮捕された事実には、少なからぬ驚きがあったようだ。

「バイトもコツコツやってたし、少なくともズルをするようなタイプではなかった。そして他人に暴力をふるうようなタイプでもない。親友の瓜田に誘われなければ闇バイトなんかに手を染めなかったはずですよ」

江口は事件の前年、クラウドファンディングサイトでカネ集めをしていたことがわかっている。それは自身のアパレルブランドを立ち上げるための資金調達だった。

ブランド名は「Addictions（中毒者）」。ハーレーダビッドソンの前で江口が背を向け、カメラに誇示していたパーカはそのロゴだった。

クラウドファンディングの説明文には以下の記述があった。

「高校生のころからファッションに目覚め高校のころの友達とファッションに興味ない方や系統を迷ってる方にこのブランドを着ていただきかっこよく着ていただきたいなと思い立ち上げました。（中略）今年の8月にオンラインショップの展開、２０２４年1月に創業目標です。皆様に愛されるようなブランド展開していきたいのでぜひ Addictions よろしくお願いします」（原文ママ）

目標金額を２５０万円に設定。一口あたり1万５０００円を募り、返礼品にそのブラ

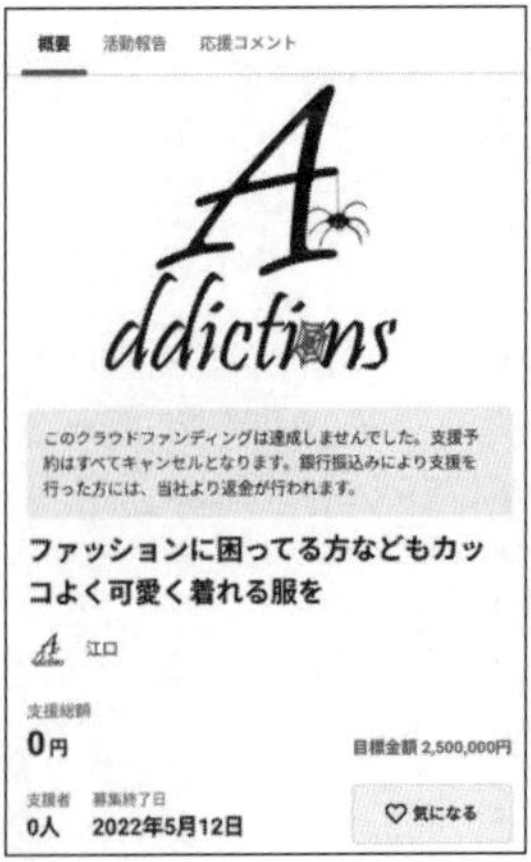

「READYFOR」より

江口の「X」より

ンドの服を送るとしていたが、集まった金額はゼロ。出資者は1人もいなかったのだ。

江口は自身の写真をSNSに多数アップしているが、顔は微妙に隠されていた。それは逮捕されたときも同様で、警察に移送される際も顔をしっかりと衣服で覆っていた。

江口の逮捕時、筆者は顔写真の入手に奔走した。ここで頼ったのはコンビニで出会った瓜田の先輩だった。地元は違うが、共通の知人がいると考え、電話で尋ねてみると、『江口の知り合いを探す』と言って、協力してくれた。

数日後、先輩からとある青年を紹介された。小学生の時代、江口と同級生だったという男だった。

「コレですよ、江口！」。仰々しく開いたのは小学校の卒業アルバムだった。そこには、気恥ずかしそうな表情を浮かべる「江口少年」が写っていた。

一様におめかしした子たちが周囲を固める。そんな清々しい表情を浮かべた少年少女のなかに江口はいた。しかし、筆者はそこで、江口の着ている服に釘付けになった。

胸に「ＯＮＥ　ＰＩＥＣＥ」とプリントされたオレンジ色のＴシャツ。「ＯＮＥ　ＰＩＥＣＥ」は言わずと知れたルフィが主役のアニメだ。

男はそれを指さしてゲラゲラと笑った。

「このころからルフィの一味だったんですよ！　ルフィが昔から好きだったんですよ」

なぜか得意げに笑う男。本来ならこの男ともたわいもないことで笑っていられたはずの江口が、なぜ「闇バイト」に手を出さなくてはならなかったのだろうか。

事件から３か月後、突如として理由が明らかになった。

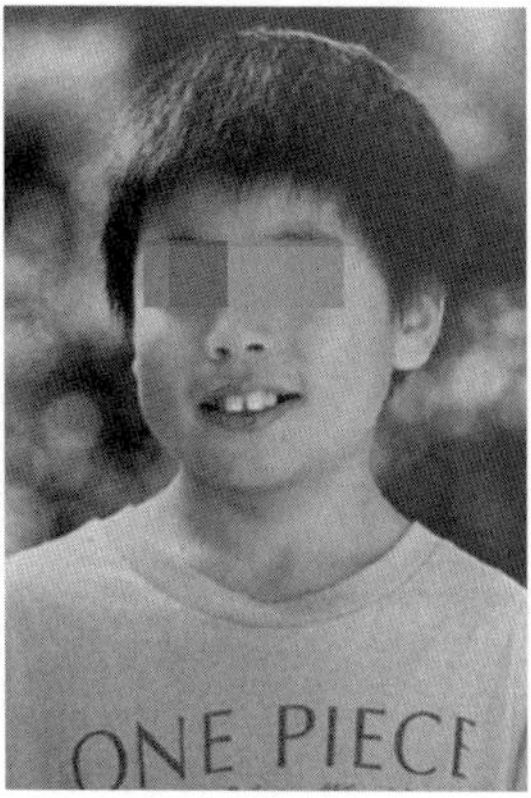

少年時代の江口（卒業アルバムより
※加工は編集部による）

共犯者は「上司」

今年2月、福島県南相馬市で発生した強盗傷害事件で、警察は27歳の男を逮捕しました。住居侵入と強盗傷害の疑いで逮捕されたのは、東京都多摩市のとび職・石志《せきし》福治《ふくはる》容疑者（27歳）です。

警察によりますと、石志容疑者は、今年2月、仲間と共謀して南相馬市原町区の住宅で、この家に住む夫婦に暴行を加え現金などを奪った疑いが持たれています。

石志容疑者は事件当日は現場には行っておらず、実行役ではないとみられています。

（テレビユー福島　２０２３年5月11日放送ニュース原稿より）

ルフィと関連づけられ、センセーショナルに報じられた南相馬の強盗事件の続報にしては、福島ローカルでしか報じられなかった、新たな共犯者の逮捕だった。

「石志容疑者は事件当日は現場には行っておらず、実行役ではないとみられています」

この一文は、ニュース原稿では説明不足に思えるが、実はこの石志という男が瓜田らの「指示役」だったのだ。しかも瓜田の会社の上司ということもわかった。

それまでは、瓜田が闇バイトに応募し、江口を誘って犯行に及んだと思われていたが、構図は全く違っていたのだ。

瓜田の職場の上司である石志が闇バイトに応募し、そして「カネがない」と口ぐせのように言っていた瓜田を誘い、実行させたのだ。

「ヤマモトヨシノブ」の指示

闇バイトに応募した石志は、テレグラムで「ヤマモトヨシノブ」なる人物から、実行犯2人、運転手役1人の計3人を集めるよう求められた。そして、石志から「金塊を溜め込んでいる家がある。報酬は800万円は下らない」とそそのかされたのが同じ職場の瓜田だ。さらに瓜田が複数の知人に声をかけ、応じたのが江口だったのだ。

瓜田は江口に借金があり、27万円を借りていた。瓜田は『俺の仕事を手伝ってくれれば、大金が入るから、27万円を50万円にして返す』と借金返済をちらつかせて江口の首を縦に振らせた。

その一方で、石志はこれを「ヤバい仕事」と認識していた。石志自身は20代前半でシングルマザーの女と出会い、のちに結婚。実子も生まれて家族中心の生活をしていた。自ら実行犯になる考えはハナからなかったのだ。

「こいつのこと大好きだけどムカつく。とりあえず腹立つけど大好きだわ!!」

石志の妻への不器用な愛の言葉が今もSNSに残っているが、そんな家族思いの男にはどうしてもカネが必要だった。

コロナ禍で社会活動が止まった3年間で石志の生活には歪みが生じた。仕事があるうちはいいが、なければ遊びにカネを使ってしまう気質。その一方で、すくすくと育ち、カネのかかる2人の子ども。首が回らない状況となって闇バイトに手を出したのだった。

結局、集まったのは瓜田と江口のみ。「ヤマモトヨシノブ」から求められた3人目が見つからない。だが、自分は手を汚したくない。そんな石志が、瓜田ら実行犯に伝えた言葉は「捕まるなよ」という乾いた助言だったことがのちにわかっている。

煮詰まった状況を「ヤマモトヨシノブ」に素直に伝えると、「もう一人はなんとかする」と返ってきた。

ススキノの男が頼った人脈

　そのとき、札幌市のススキノの居酒屋で1人の男が途方に暮れていた。

　地元、札幌で育った土岐渚（22歳）は幼少期からウインタースポーツで活躍するなど、運動神経は抜群によかった。しかし、競技を離れると人生が暗転していく。高校を中退し、土建業の世界に飛び込むことになった。そして繁華街ススキノでたびたび目撃されるようになる。高校時代の同級生は証言する。

「ススキノに行くと、いつもアイツがいた。『どこで飲んでるの～？』って連絡を取るとニュークラ（ニュークラブ）のような〝オネエチャン〟がいるような店の名前をいくつも挙げてましたよ。さすが働いてるだけあってカネがあるなあって思ってました。自分も何回か奢ってもらったことがあり、とにかく気前の良い男でした」

　土岐はススキノ界隈ではそれなりに顔が通っていた。そうなると人脈も広がっていく。いくつも顔なじみの店ができた。カネにはだらしない面はあったが、これからいくらでも稼げるという自信があった。それだけ仕事が順調だったのだ。

　事件発生の1年前、2022年の初めには独立し、若い従業員を抱えるようになっていた。しかし、長引くコロナ禍で土建業の仕事は冷え切っていた。独立から1年も経たないうちに元請け会社の一つが傾いた。そうすると一気に資金繰りが悪化。宵越しのゼニを持たぬほど散財していた土岐に、従業員の給与を支払う余裕はなかった。親から借金をして急場をしのぐが首が回らない。たちまち借金は400万円まで膨れ上がった。

そんな土岐が頼ったのが「ススキノ人脈」だった。

「どこかでタタキ（強盗）の仕事ない？」「カネ持っててムカつくヤツとか、潰したいヤツとかいない？　もうどうでもよくなってさ」

こんな相談とも脅しともつかない案件を持ち込み駆けずり回った挙げ句、紹介されたのがテレグラム上で「クロサキジン」を名乗る人物だった。クロサキは「原発マネーを狙う」と、南相馬での強盗計画にひと枠空きがあることを伝えた。そして〝軍資金〟として2万円を渡すと提案してきた。

土岐は迷うことなく「クロサキジン」の誘いに乗った。軍資金の受け渡し場所に行くと、ホスト風の男がやってきて、裸のままの2万円を握らせてきた。

土岐はそのカネを持って新幹線に飛び乗ると、一路福島に向かった。

そして東京の多摩地区からやってきた瓜田、江口と福島駅で合流すると、車で南相馬に向かう。そこで強盗傷害事件を起こしたのだ。

テレグラム上の「ヤマモトヨシノブ」や「クロサキジン」によれば、被害者宅には金塊が溜め込まれているという話だったが、全くのガセ（虚報）だった。前述のように「闇リスト」に載っていることをあらかじめ把握していた被害者が、無用心であるはずがなかった。しかしそれを鵜呑みにした強盗犯3人は、畳を剥がすなどして執拗に金塊を探した形跡を残している。

結局3人が奪ったものは現金約8万円とネックレス一本だけだった。

70倍を超える慰謝料

2023年10月。瓜田、江口、土岐に対する裁判が福島地裁、相馬支部で開かれた。

瓜田は裁判で、「彼女と遊ぶカネが欲しかった。バイクのローンの支払いもキツかった」と犯行の動機を語り、江口は「強盗だとは思っていなかった」と情状酌量を訴え、土岐は「自分が犯行を主導したわけではない」と犯行の一部を認めなかった。

裁判では背後の「組織」の全体像がどこまで解明されているかに注目が集まったが、

その「組織」に言及される場面はなかった。

法廷に立たされた3人が使い捨てのコマにすぎなかったかを物語っていた。

裁判では実行犯3人の親が証人として出廷し、合わせて600万円を慰謝料として支払ったことを明かした。両親らがそれぞれの親戚や職場から借りて払ったというのだ。

3人が奪い取った金額の実に70倍以上の慰謝料を被害者側に支払ったことになる。

とくに瓜田と土岐は「強盗を犯すしかないほど金銭的に追い込められていた」と裁判で語っていたが、実際はそうではなかった。証言台に立ち、慰謝料の支払いを申し出た彼らの親を強盗犯3人はどのような表情で見ていたのだろう。

瓜田と土岐には事件の主導的役割を果たしたとして懲役7年（求刑同8年）、江口にはその犯行が主体的ではなく、2人より責任は軽いとして懲役6年（求刑同7年）の実刑判決が言い渡されている。

瓜田は控訴、土岐と江口は判決を受け入れて刑が確定。すでに服役している。

石志の裁判が始まったのは3人より遅く、年が明けた2024年1月だった。

しかし、石志は反省の態度を示さず無罪を主張した。

「強盗とは知らなかった。あくまでも運転手の仕事を紹介しただけだ」と。

しかし、石志は瓜田に対し、パイプレンチやハンマーなどの凶器を用意するよう指示をしていたことが明らかになっている。そのことを問われると「酔っぱらっていたためそこまで理解できていなかった」などと、不誠実な供述を繰り返した。

判決では、その態度も「反省の態度が見られない」と断罪。瓜田ら実行犯より重い懲役9年（求刑同10年）が言い渡されている。

「ヤバい仕事」はやりたくないと職場の後輩にやらせた石志だったが、その役割が指示役と認定され、結果として実行役より重い判決になったのだった。

また事件はその後、南相馬地域にも大きな影を残したことを福島に拠点を置く月刊誌『政経東北』が報じている。

『被害者のAさんが、今度は知人男性に傷害を負わせたとして別件で逮捕・起訴されたのだ。強盗事件の全容が明らかにならず、疑心暗鬼から私的制裁が起きた。（中略）事件のきっかけは2月にAが被害に遭った闇バイト強盗だった。Aは「強盗に関与した1人が知人男性では」と思い込み、疑いを募らせていたという。8月11日午後10時40分ごろ、男性に電話をかけたが出なかったため、家に行くことにした。木刀とロープを準備し、妻に軽トラックを運転させた。男性宅の玄関先で「お前を殺しに来た」と言いながら木刀の先端で額を突き、手にしたロープで「首を絞めて殺してやる」と言ったという』（月刊『政経東北』２０２３年11月号 ※引用元は被害者実名）

この事件に関してはＡが否認をしているため真相は不明だが、南相馬で起きた闇バイト事件は地域に猜疑心を芽生えさせ、分断を生むきっかけになったのだった。

また、暗躍する組織の全体像が判明するかもしれないと、この事件の取材を始めた筆者だったが、組織の実態解明が絶望的になる出来事もあった。

顔の見えない「組織」

南相馬の強盗事件は実際には石志や瓜田ら４人のほかにも、犯行後の実行犯の送迎役を担った茨城の会社員２人、そして土岐に「クロサキジン」を紹介したススキノの飲食店経営者。そして「クロサキジン」「ヤマモトヨシノブ」と見られる北海道の男２人の計5人が逮捕されている。しかし、全員が起訴されずに処分保留で保釈され、事実上の無罪放免となったのだ。各人のつながりや役割を捜査当局は解明することができなかった証左だろう。付け加えるなら、土岐に軍資金を渡した「ホストふうの男」の身元もまだ割れていない。それでも捜査は終結したのだ。

少なくとも6人の〝容疑者〟とつながる組織に一切の捜査の手も伸びず、野放しになっているという現実だけが突きつけられた。

失意のなか、再び名簿屋を訪ねた。筆者に同情するでもなく、相変わらずの調子でまくし立ててくる。

「結局、何もわからなかったね。杜撰な組織だと思ってたけど、上は意外としっかりしてた。めくられなかったんだから、仕方ない」

慰めを聞きたかったわけではない。わずかな手がかりでも、つかみたかったのだ。

一連の「ルフィ事件」とそれに続く類似事件の中で疑問がいくつも湧いていた。名簿屋が持っていた「闇リスト」をもとに犯行が計画され、そして実行されたのは間違いない。しかし、被害者宅の「金塊」は誤りだった。「闇リスト」の信ぴょう性が疑われた。

「そんな〝強盗リスト〟はバカしか買わないよ。家に『100万円の現金がある』って言うより、『1億円の金塊が隠してある』と書くほうが見栄えがいいでしょ。情報を〝盛る〟業者はたくさんいる。近所の噂話だって確かめずに追加する。オレオレ詐欺も下火になり、潰れた名簿業者も増えた。最後にひと儲けしようと〝特盛のリスト〟を作り、売っていたんだろ」

実行犯たちは名簿に踊らされた。そして、逮捕された4人の男たちの人生は暗転した。無論、忘れてならないのは、そんな名簿によって善良な人々が強盗被害に遭ったこと。そうした犠牲も厭わず、捜査の手が及ばないところから指示を出す、顔の見えない犯罪グループ。ルフィグループの壊滅後も、同様の犯罪が起きている。

名簿屋は南相馬の強盗事件を首謀した組織について、こんな見立てをしていた。

「あんた気づいてないかもしれないけど、南相馬の事件の指示役たちは北海道、それもススキノの住人だった可能性が高いんでしょ？　捕まった『ルフィ』たちが海外に行く前の拠点もススキノだった。大元は同じススキノを根城にしていたんじゃないの？　少なくとも同じ系譜だったのは間違いないよ。きっとススキノに残党がいる……」

第9章 ルフィの正体

——今村磨人（38歳・職業不詳）

事実上の捜査終結宣言

2023年師走――。

90代の女性が強盗犯に暴行を受けて亡くなった忌まわしき「狛江事件」から1年が経とうとしていた。

そしてこの1年間は、大なり小なり、ルフィに関連する報道が途切れることはなかった。しかし、2023年12月初旬に報じられた「ある重大な契機」は、事件発生当時からしたら、考えられないほど小さな扱いだった。

稲城の強盗を指示容疑、「ルフィ」ら4人再逮捕　全国8件目で区切り

全国で相次いだ強盗事件のうち、昨年10月に東京都稲城市で起きた事件を指示したとして、警視庁は5日、フィリピン拠点の特殊詐欺グループ幹部4人を強盗致傷と住居侵入の疑いで再逮捕し、発表した。同グループ幹部を強盗の指示役として立件するのは8件目で、捜査の区切りとなる。

4人は実行役8人と共謀して昨年10月20日、稲城市の住宅で、30代女性を粘着テープ

で縛るなどの暴行を加え、現金約3500万円や金塊など約140点（計約860万円相当）を奪った疑いがある。4人は「ルフィ」「キム」などと名乗り、フィリピンからスマートフォンなどで指示したと同課（警視庁捜査一課）はみている。（朝日新聞デジタル　2023年12月5日付　カッコ内は筆者）

見出しに躍る「区切り」というのは、2022年10月に東京・稲城市で起きた強盗致傷事件をもって一連の「ルフィ事件」の捜査を終えたことを暗に意味していた。事実上の捜査終結宣言だった。

つまり、当初数十件の強盗事件や特殊詐欺事件での余罪が考えられていた「ルフィ」らに関して、公判維持が可能と逮捕にこぎつけたのは結局8つの事件だけだったことを示していた。なぜ他の事件で彼らを逮捕にまでこぎつけられなかったのかは定かでないが、証拠集めに相当苦戦したことが窺える。警察による事実上の「捜査終結宣言」は相当な数の事件が〝闇に葬られた〟ことを意味する瞬間でもあった。

犯人が逮捕された8つの事件には被害者が死亡している「狛江事件」、被害者が今も意識不明の重体である「広島事件」も含まれている。旧知の大手メディアの司法担当記者によると幹部4人のうち、少なくとも数人に対しては死刑判決を取れる、と検察は自信を見せていたというが、あまりにもあっけない幕切れだったことは否めない。

しかし、1年近くにわたり取材を続けてきた私たち取材班にはある共通の思いが芽生えていた。「なぜ若者たちが『闇バイト』に手を出すようになったのか」ということだ。若者が転げ落ちたきっかけを取材することでなにか見えてくることがあるだろう、と始めたこの取材だった。その一方で、「ルフィ」たち幹部自身も堕ちた人間ではないかという思いに駆られるようにもなっていた。「ルフィ」本人たちが一連の犯罪に手を染めた理由はなんなのか。その思いを強く抱くきっかけとなった〝事件〟があった。それは「捜査終結」が発表される1週間ほど前の短いニュースだった。

外部と通話の「ルフィ」と弁護士、署内で2人だけ　携帯電話持ち込み

捜査関係者によると、加島弁護士は2月下旬、窃盗容疑で逮捕された今村被告と原宿署内の一室で、透明な仕切りを挟んで対面した。警視庁は刑訴法に基づき、弁護士の接見時は席を外しており、この時も室内には2人きりだった。加島弁護士は自身が持ち込んだ携帯電話を使い、今村被告と何者かが会話するのを仲介した疑いがある。（朝日新

聞　2023年11月28日付）

記事では原宿署内で「ルフィ」こと今村磨人被告と接見した弁護士が、自身のスマートフォンを使い、何者かとビデオ通話をさせていたことが明らかになったというもので、証拠隠滅容疑で当の加島康介弁護士の事務所が家宅捜索を受けたことを報じていた。しかも、調べてみると、その弁護士は新型コロナの持続化給付金を巡る詐欺容疑で控訴審公判中で、今村被告との接見時は保釈中だった。

その通話の詳細もすぐに明らかになった。「JPドラゴン」なる組織の幹部が、今村に対し、「起訴された容疑は認め、それ以外のことやJPドラゴン自体のことはしゃべるな」と念押ししたというのだ。NHKやTBSがアクリル板越しににっこりと微笑む今村をアップにしながら報じた。

前代未聞と思われるこの事件。自然と感じられることもあった。

まるで何者かが今村に罪を押し付けようとしてリークしたのではないか、そんな意図を感じさせる一連の事件だった。真相は闇だが少なくとも「ルフィ」自身も強盗事件の実行犯と同様、何者かから指示を受けていたことを示唆している。

もはや考えられることは一つ。「ルフィ」もまた「闇バイト」に応募してきた若者たち同様、使い捨てのコマの一つではないか。

そうなれば、「ルフィ」自身の取材を始めるほかなかった。再逮捕となった「ルフィ」たちの半生を明らかにせねば、この取材を終わらせることはできない。

今村磨人、渡邉優樹、藤田聖也、小島智信、「ルフィ」幹部4人が出会ったとされる繁華街、札幌市のススキノを回ってみることにした。

ススキノの住人

今から15年ほど前、ススキノの中心地にほど近い雑居ビルの一角に「アキア」という女性が接待する店があった。形態はススキノの用語では「ニュークラブ」、東京でいうところのキャバクラだ。その店の代表が今村だった。今村が20代半ばのころだ。

今村は羽振りがよかった。ススキノの住人たちがはっきりと記憶している。「アキア」があったビル近くで飲食店を経営する男性が振り返る。

「店が終わったあとに、女の子をよくウチに連れてきてくれましたよ。ニコニコして愛想よくて。ススキノになじもうと顔見知りの人が新店を出すと、大きな祝花を贈ったりしてね。汚い飲み方をするわけでもなく、感じのいい人という印象しかない。その後も、当時のススキノでは珍しかった男性を使う店、ホストクラブのハシリみたいな店、メンズパブとかメンパブとか呼んでいたけど、そんな店を開いてはやらせていましたよ」

20代半ばにしてススキノでは知られた「やり手」だった。筆者が大げさに驚いてみせると、男性ははにかむような表情を見せた。

「10代のころから客引きや黒服をやって成り上がったんだって言ってました。バイタリティのある人間だから、それも納得でしたね」

そうした今村の商才を認める人間がいる一方で、秘めたる狂気に気づいていた者がいた。今村の店で働いていたという20代の女性と接触できた。

「普段は本当によい人だったんですけど、今村の店は客層がよくなかったんですよ。F連合というススキノでは有名なヤクザ組織があるんですけど、そこの人がよく飲みにきていて。今村を舎弟扱いしてるわけではないけど、ヤクザがバカ騒ぎしても今村は何も言えなかった。だからちょっと怖くなって店をやめちゃいました」

F連合というのは六代目山口組系の組織でススキノを牛耳っているとも言われる反社

会的組織だ。Ｆ連合と今村は懇意だった。

「その当時、ススキノで商売をしていたら、Ｆ連合と関係を持たないのは難しかったかもしれないけど、必要以上に親しくしているなと思っていました。今村も札つきのワルで有名でしたから、ウマがあったんですかね」（前出の飲食店経営者）

札幌の有名な半グレ

１９８４年に札幌市で生まれた今村は、幼少期には渋谷姓を名乗っていた。しかし、恐喝や傷害事件などを繰り返し、中学3年のときには少年院に入るなどしたことから、「自分のせいで家庭は破綻、親が離婚して今村姓になった」と語っていた。地元の半グレのような存在として名を知られていた。

この時期、今村はある重要な人物との出会いを果たしている。「ゆうちゃん」と今村が呼ぶ、渡邉優樹だった。

晴れた日には海岸線から国後島を望むことができる、道東に位置する北海道別海町。

今村と同じ年に酪農家に生まれた渡邉は、実家の乳製品の販路を拡大させることを将来の目標として、札幌学院大学経営学部に進学するため札幌にやってきた。しかし、人より牛の数の方が多い町で育った若者にはススキノの刺激は強すぎたのだろうか、大学での勉強がおろそかになり、ススキノに入り浸るようになる。

その後、今村と同様に黒服を経験し、「ブラックチェリー」というサパークラブといういうか、ガールズバーの男性版というべき店をススキノでオープンさせている。同じ1984年生まれの「若き経営者」として2人は意気投合したようだ。

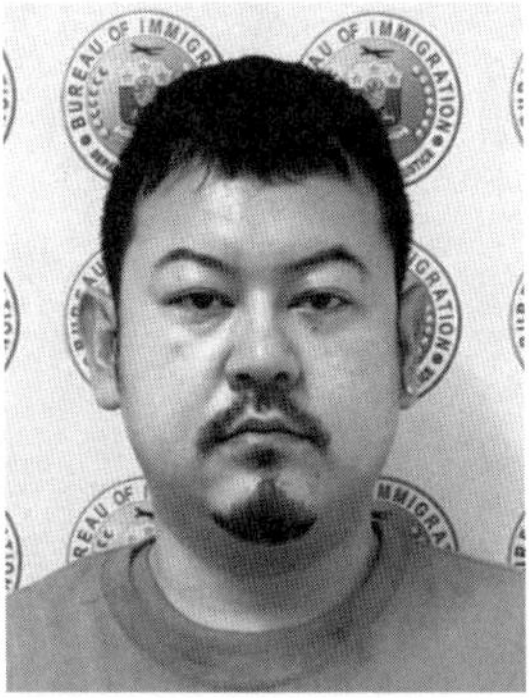

渡邉優樹

このころの渡邉の評判はすこぶるいい。少年時代から剣道に打ち込んだせいか、裏表のない性格で、従業員の相談役だったという。

黒服やボーイを自宅に招くと、当時の妻に鍋を用意させ、それを一同でつつきながら夜な夜な盛り上がる。そんな思い出を「楽しかった」と振り返る元従業員もいた。

商才にも長けていた。ススキノで産地直送の青果店を始めたり、不動産業を始めたり、さらにはチャットレディを使った、今でいうところの「オンラインキャバクラ」のようなシステムの店をつくって営業していた。

この時、共同代表として渡邉の片腕となり働いていたのが同じく1984年生まれの藤田聖也だった。

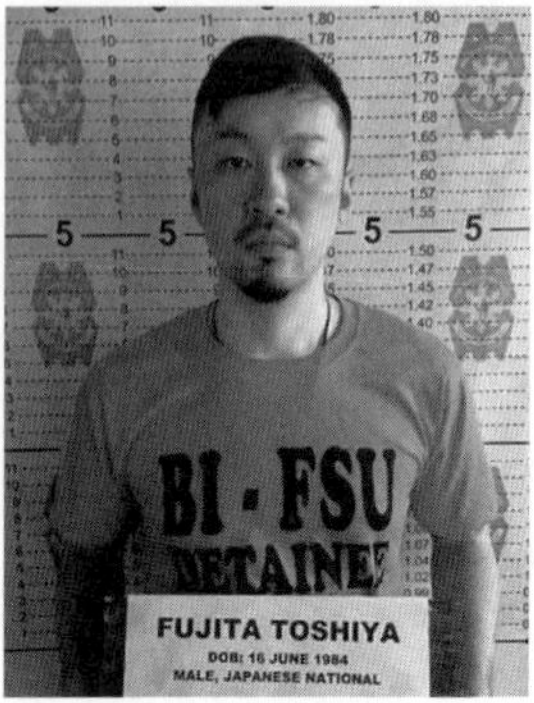

藤田聖也

藤田は函館にほど近い、七飯《ななえ》町で生まれた。藤田がどのようにススキノに流れ着いたのかその経緯は判明しなかったが、幼いときには宮本姓を名乗っていたという。

今もその宮本姓を名乗る藤田の父親を訪ねた。一連の事件には驚きつつも、

「もう何年も会っていない。自分には関係ない。今はもう息子だとも思っていない」

と実に素っ気ない対応だった。

ススキノという街で出会った同い年の3人、今村、渡邉、藤田は共鳴し、さまざまな仕事を共にするようになる。ちなみに、ここにのちに幹部となる彼らの6歳上である小島智信も合流している。

生き馬の目を抜くススキノで、今村や渡邉、藤田

が商売を始めて数年が経った。彼らが20代後半に差しかかったころに転機が訪れる。彼らの店が傾き始めたのだ。アイデアひとつで業種を広げていった渡邉だったが、簡単に真似ができる業態だったため、競合店が増え、その業態自体が客に飽きられ廃れていったのだ。

首が回らなくなった渡邉が考えたのが「ルフィ」の原型とも言える犯罪だった。

「ルフィ」の原型となる事件

盗んだ金庫の金　店開業や外車に

札幌市中央区のマンション1室から現金約1000万円入りの金庫を盗んだとして、北海道警は2日、男4人を窃盗容疑などで逮捕したと発表した。現金の一部を高級外車の購入費や飲食店の開業資金に充てていたと供述しており、道警が裏付け捜査を進める。

（読売新聞　2012年8月3日付）

渡邉や藤田はパソコンで身分証を偽造。ホストである元従業員が住むマンションの一室を鍵業者に開けさせ、家の中にあった現金1000万円を盗むという事件を起こした。

この時に、渡邉の経営する店で店長として働いていたのが、のちにお笑い芸人として人気となるＥＸＩＴの兼近大樹で、渡邉、藤田らとともに逮捕されている。「ルフィ」との関与を疑われた兼近は、その後自身のＹｏｕＴｕｂｅで「渡邉の店で働いていたことは間違いないが、自分は事件とは無関係であり、不起訴になっている」と説明している。

そんな渡邉、藤田の逮捕と同時期、今村にも大きな転機が訪れている。前出の飲食店経営者が振り返る。

「確か、今村がやっていた『アキア』が深夜営業をやっていて、警察に踏み込まれて潰れたんです。女性が接客する店は午前1時以降は営業できないけど、それを無視していて。結構派手にやってたみたいだから、やはりという雰囲気だったけど」

風営法違反で摘発されてすぐに今村の店は閉店した。渡邉、今村、ススキノを肩で風を切っていた2人の若き経営者は、街から出ざるを得なくなった。

一部ネットメディアは、店を閉めた今村が、２０１６年に無免許運転でひき逃げ事件を起こしたり、コールセンターの従業員となり、金銭の着服事件を起こしたと報じたが、凶悪な事件に結びつくものではなかった。しかし、調べを進めると、このころ今村はその後の行く末を決める、とある場所に頻繁に出入りしていたことがわかった。

２０１２年以降の今村をよく知る人物と接触できた。それはルフィ事件を語るうえで、興味深い証言だった。

今村を知る元裏社会の男

以前は裏社会にどっぷりと浸かっていたという50代の男性Ａだが、今は堅気になり、ＩＴ系の会社を経営している。彼と落ち合ったのは都内の喫茶店だ。Ａが話しやすいよう個室を用意した。

Ａの過去を知っているからなのかもしれないが、サンドイッチとブレンドコーヒーを昼食代わりに摂る姿にすら、威圧感を感じる。

筆者はコーヒーをちびちびと啜りながらＡの食事が終わるのを待った。

Ａは焦らすかのようにゆっくりと最後のサンドイッチを頬張ると、セカンドバッグから書類を取り出した。

「消費者斡旋トーク」と題されたＡ４の紙。決して見やすく整えられたものではなく、細かな文字が紙を埋めているだけの無機質なものだった。Aは咀嚼しながら、これを見ろといわんばかりに、筆者に手渡した。

客「請求書が来ていないが？」

自分「えー、書面での通知が届いていないということですね？　一度契約内容を確認しますね。……えー、今回書面での通知につきましては、ご登録時に書面での請求書の送付申請を出されておりませんでしたので、ペーパーレス登録としての取り扱いになっております」

客「いきなり裁判はおかしい」

自分「お客様、いきなり裁判ではないんですよ。そもそも1年間の長期間未納状態にあったうえでの裁判手続きとなりますので、それをいきなりと申されましてもお客様ご自身での過失になります」

これは何かのマニュアルであることがわかった。

「そう、これは特殊詐欺で実際に使っていたものだ。２００３年に初めて特殊詐欺が行われたんだが、それは当初『オレオレ詐欺』と呼ばれていた。〝半グレ〟組織とのちに呼ばれる、関東連合のＯＢや中国残留日本人二世らの組織である怒羅権《ドラゴン》のＯＢが始めたんだけど、関東連合はとくに組織だって邁進していった。そして２００８年ごろまでで、毎年凄まじい勢いで収益を伸ばしていった。しかし、オレオレ対策が進むようになった２００９年ごろからは、アガリ（収益）が一気に落ち込んでいった」

紙ナプキンで口を拭うと、立て板に水で説明を始めるＡ。話は熱を帯びていく。

オレオレ詐欺マニュアル

「オレオレを始めたころの〝フロントランナー〟たちはどうしたと思う？　半グレたちはこの詐欺のやり方を、『組織』に教えていったんだよ。指定暴力団である山口組、稲川会、住吉組の連中にだ。一見、この組同士は敵対していると思われてるかもしれないけど、半グレ組織のＯＢはどの組織にもいるから、詐欺に関してはお互いのシマを侵すことなく仲良く稼ごうという空気になった。ただ、暴力団としては表立って動けない事情もあった。それは暴力団対策法だ。暴対法の使用者責任が年々に厳しくなっていく時

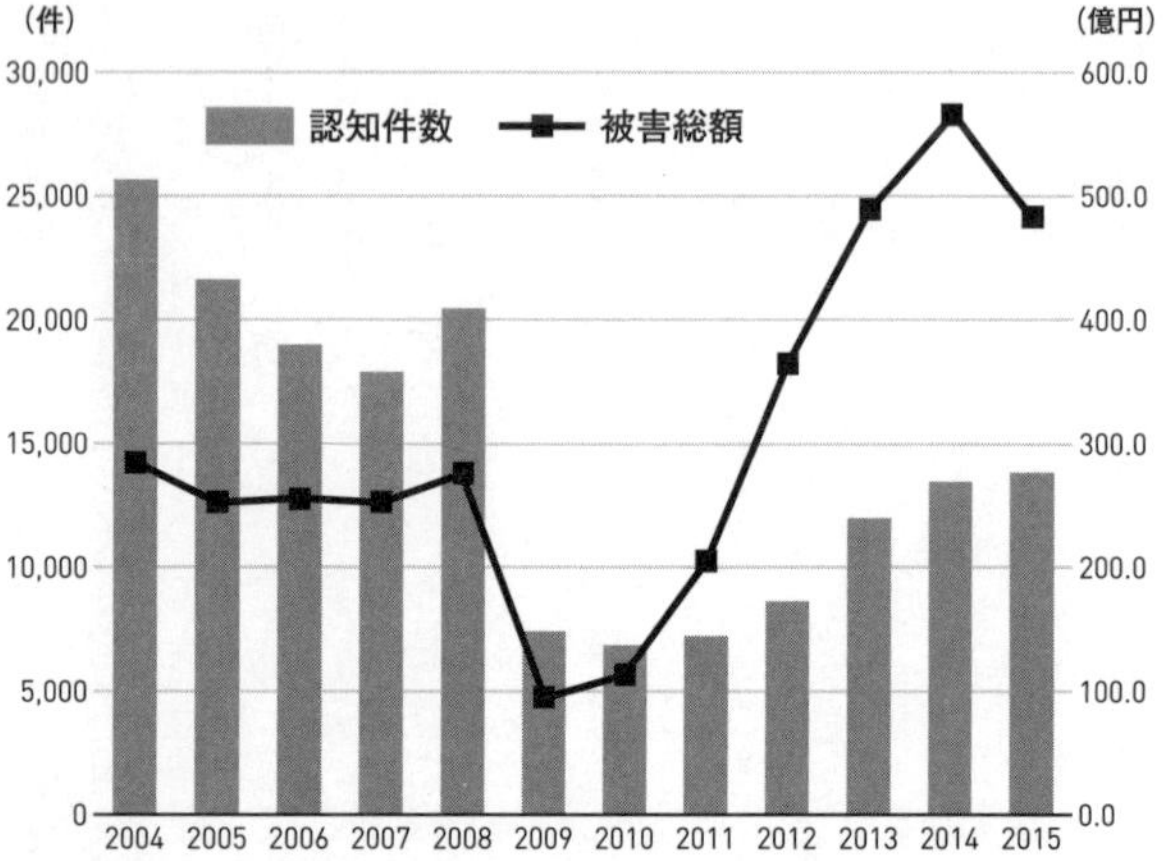

警視庁組織犯罪対策第二課発表

期だったから、あくまでも関東連合というクッション役が必要だった。だからカネは一旦、関東連合に入るようにしておいて、そこから数パーセントを抜いて組織に還元していったんだ。ただ、このスキームは特殊詐欺とは全く関係ないところで崩れ去る。２０１２年９月に起きた、いわゆる『フラワー事件』(後述)だ。このマニュアルはそのころ、他の組織に詐欺のノウハウを教える時に使っていたものだよ」

警視庁の資料によると、２００４年から２００８年までは２００億円台後半で推移していた特殊詐欺の被害額が２００９年には95億８０００万円と激減し、その後はピークとなる2014年の被害額565億5000万円に向けて右肩上がりで増えている。

そして2010年以降の急激な伸びはAによると、さまざまな組織が特殊詐欺に手を出したことに起因しているというのだ。

そのきっかけが、2012年に東京・六本木のクラブで関東連合の元メンバー5人を含む19人が共謀して男性を襲撃、死亡させた「フラワー事件」だ。この事件が特殊詐欺に影を落とす。この事件の首謀者とされる関東連合の元総長、見立真一は2024年2月現在海外逃亡を図ったともされ、現在まで逮捕されていないが、関東連合の幹部たちは逮捕され、組織は壊滅状態になった。それまで事実上、特殊詐欺を仕切っていたのが関東連合だったのだ。

Aの話はそれを裏付けた。

「そんな〝フロントランナー〟たちは当時、ヤクザに対する『特殊詐欺講習会』をやっていた。オレも行ったことがあるけど、地方のホテルの部屋や会議室で、半端もんたちが真面目に聞き入っていたのが滑稽だったけど、今まで使ったことのない頭をフル回転して、必死に覚えていたのを覚えているよ」

そして、唐突にAはその名前を口にした。

「講習会」に来たルフィ

「ルフィの今村がその講習会に来てたよ。ススキノのF連合の預かりだったようだけど、ケンカっ早いとかで、F連合の手に負えなくなり、静岡のとある組織に預けられていた。そのへんの講習会で何度か見たよ」

「講習会」という単語に違和感を抱いたので、素朴な質問をぶつけてみた。「講習会は特殊詐欺組織の幹部を養成する場所なのか」と。Aはかぶりを振った。

「幹部を育てる場所ではない。組織のトップも顔を出さないよ。詐欺組織の上は絶対に表に出てこない。どれだけ下がめくられ（逮捕され）ても、上までは捜査の手が及ばないように。その代わり、トップの下に組織を統括する「番頭」を据える。その下に5人から10人ほどの実働部隊を仕切る「マネジャー」を置く。その「マネジャー」を育成するための講習会だ。そしてマネジャー連中が今度は、リクルーターを使い、実行役の手配をする。いわば詐欺の〝絵を描く〟（計画を立てる）まで責任を持つのがマネジャーだ。

マネジャーは企業でいえば「中間管理職」かもしれないけど、俺らから見ればトップにせっせとカネを運ぶ「働きアリ」だ。ただ、そうした働きアリでも結果を出せば組織で上にあがっていける、出世ができる。それがわかっているから講習会に来た連中は必死にメモを取っていたし、実際、従順に働いたんだよ。それは今村もそうだ」

Aはそこまで話すと、すっかり冷めたコーヒーに再び口をつけた。コーヒーのおかわりでも勧めるのが取材者としては正しいのだろうが、続きが気になる。はやる気持ちを抑えつつ、さらに問う。「今村はここで優秀だからのしあがっていったのか。それが理由でフィリピンに渡ったのか」と。Aはコーヒーカップを持ったまま続けた。

「違う。今村は2010年代の前半には自らテレアポの会社を立ち上げ、詐欺まがいの商売でカネ稼ごうとしていたけど、めぼしい結果を残すことはできなかった。詐欺のプレイヤーとしては普通だった。だからこそ、組織は今村にほかの役割を与えた」

Aはそこまで話すと、はやる筆者の気持ちを見透かすかのように、話の矛先を変えた。

黄金の三角地帯

「今村がその後、何をしていたか気になるだろう？　その前に『黄金の三角地帯』って知ってるか？」

当然聞き覚えがあった。タイ、ミャンマー、ラオスの国境にまたがる山岳地帯で、世界最大の麻薬の生産地と呼ばれている。今も民族紛争が続き、その戦いの資金獲得のために麻薬をつくり、世界中にばら撒いている場所だ。

筆者がそう言うと、一瞬つまらなそうな顔を浮かべたA。しかし話を続けた。

「じゃぁ、これは知ってるか？ 日本のヤクザってのは縄張りをきっちりと分けているだろう？ 実はそれは連中が海外に出ても一緒だ。例えばタイなら山口組というように。その黄金の三角地帯から日本の組織も麻薬を入れてるんだけど、そこに取りに行くまでが組織の仕事だ。その受け取りをタイ側から任されるようになった連中のひとりが今村だった。今村は山口組系の組織と関わっていたからね。それがきっかけでヤク（薬）の調達をやるようになった。

そこで面白い逸話がある。ヤクの入手や現地での交渉はどうするか。組織が直接やるわけではない。そもそも言葉がわからないしな。だから黄金の三角地帯に精通した現地の人間とも話せる日本人組織に頼むんだ。それはどのヤクザ組織も一様だった。ヤクザたちはその日本人たちが何者かよくわからないと言いつつも、組織の人間を『ＪＰドラゴン』と呼んでいた」

唐突に飛び出した「ＪＰドラゴン」という単語に身を乗り出した。

「ＪＰドラゴン」は前述のように、収監中の今村に息のかかった弁護士を使い、接触した組織だ。さらにこのころ、捜査幹部のなかには「ルフィ事件の本当の黒幕はＪＰドラゴンなのではないか」と見立てた者がいたせいもある。

今村とＪＰドラゴン、両者は関係があったのだろうか。

「それは間違いないと思う。今村は少なくとも〝調達係〟として何か決定的なヘマを打ったわけではない。だから、ＪＰドラゴン側も今村のことを信用し、関わるようになったのではないか。それと念のためにひとつ言っておくが、日本の怒羅権とＪＰドラゴンは関係があるわけではない。怒羅権の若い連中が『あいつら勝手に名前を使いやがって』と口にしていたのを聞いたことがある」

しかし、なぜその今村がフィリピンに行くことになったのか、その理由がわからない。

Ａは筆者の顔をじっと見ると、やおらスマホを取り出した。そして、古い新聞記事を見せた。

今村とフィリピンの接点

「今村が日本を出て、特殊詐欺をやるようになったきっかけを知りたいんだろ。それをひもとくにはこの事件を理解しなきゃダメだ……」

主導？の2人逮捕　タイ拠点、組織的詐欺容疑
タイ・パタヤの高級住宅を拠点にした特殊詐欺事件で、警視庁は、いずれも住所、職業不詳の安武健吾（36）と平田晋平（34）の両容疑者を組織犯罪処罰法違反（組織的詐欺）の疑いで逮捕し、16日発表した。安武容疑者は容疑を否認し、平田容疑者は黙秘しているという。この事件の逮捕者は28人となった。警視庁は2人が詐欺グループを組織して主導したと判断。3億円以上がだまし取られたとみる事件の全容解明を進める。（朝日新聞　2020年1月17日付）

記事は2019年3月、タイ東部のリゾート地・パタヤ郊外の一軒家で共同生活をしていた日本人15人が、特殊詐欺の「かけ子」をしていたとしてタイ当局に拘束された事

件の「続き」を報じるものだった。

　筆者もこの事件自体は覚えていたが、特殊詐欺グループを主導していた、いわゆる「番頭」クラスが10か月後に日本で逮捕されていたことは把握していなかった。

「これが何を意味するかわかるか？　組織の本当のトップにまでいまだたどり着けてはいないが、番頭クラスまでめくれた（逮捕された）という事実。10か月はかかったが、これは捜査関係者にとっては快挙だ。逆に組織としてはカネを運んでくる部隊を失ったことを意味する。マニュアルやノウハウはあるのに、タイで特殊詐欺はできなくなった。その時に組織は次なる手を打った。タイでヤクの調達係だった今村をフィリピンに行かせ、『マネジャー』クラスだった渡邉を『番頭』に昇格させた」

　タイで潰された部隊の「番頭」が持っていた組織はフィリピンやカンボジアにも拠点があった。そこはもともと、渡邉がマネジャーとして取り仕切っていた。だが渡邉が番頭になると、フィリピンの拠点は２０１９年ころを境にどんどん巨大化していった。そしてそこに今村を専属の「マネジャー」として派遣したのだ。

「フィリピンは今村の〝仕事仲間〟だったＪＰドラゴンのシマなんだよ。黄金の三角地帯で力をつけたＪＰドラゴンは、フィリピンでそのころ闘鶏賭博や日本に向けた技能実習生ビジネスを仕切るようになっていた。今村がそこに行って〝仕事〟をするのに数々の条件が整ったんだな」

「ルフィ」たちがフィリピンで特殊詐欺を始めたきっかけは、タイでの特殊詐欺の拠点の壊滅がきっかけだった。Aの話の裏など取りようはないが、筋は通っている。

こうしてフィリピンで特殊詐欺の一部隊の「番頭」となった渡邉らは着実に結果を出した。ススキノで次々と新機軸の商売を始めた渡邉の才覚もあった。部隊はその後、渡邉がイニシアチブを握るようになったのが証しだ。

警視庁の発表によると、ルフィグループが特殊詐欺で荒稼ぎしたカネは60億円にのぼるとされる。特殊詐欺の被害額は2020年以降、年間300億円弱で推移していることから、ルフィグループが特殊詐欺界隈における一大勢力だったことが窺える。

ルフィの誤算

しかし、転機がやってきた。2021年4月、ルフィグループはフィリピン当局に「特殊詐欺の拠点」と見なされて拘束される。

「簡単に言うと、目立ちすぎたんだな。特殊詐欺グループなんて、使っている名簿も、やり口もほとんど変わらない。要は限りのあるパイを奪い合う争いだ。いきなり〝優秀な会社〟が現れたら、今までパイを食っていた連中は面白くない。出る杭は打たれるものだ」とAは指摘する。

しかし、その〝一大勢力〟が壊滅したはずの2021年の特殊詐欺の被害額は前年比微減。さらには、2022年には8年ぶりに特殊詐欺の被害額が増加していることから、ルフィグループに替わる組織が台頭したということも考えられる。

そうして今村たちはフィリピンの首都マニラ近郊の入管施設である「ビクタン収容所」に収監された。劣悪な環境で名高い施設で、そこで日本への強制送還を待つだけのはずだった。しかし、コロナ禍もあり、日本への送還はなかなか行われなかった。そんななか、今村らは、収容所内でも特殊詐欺を繰り返していた。

ルフィの〝本当の顔〟

「あのタイミングで日本に送還されて逮捕されていれば、連中も死刑台に向かうことにはならなかっただろうな。その時今村はフィリピンで力を持っているＪＰドラゴンのつてで、日本に送還されぬよう頼んでいた。その見返りとして、今まで以上にカスリ（上納金）を払う、という約束をしている」（Ａ）

今村たちは看守たちを買収、収容所内でも特殊詐欺を働いていた。毎月億単位のカネが転がり込んできた。おめおめと日本に帰り、クサい飯を食わされたくはなかったのだ。

しかしそのころ、日本では特殊詐欺対策が進み、カネが取れるとされるターゲットには他組織も触手を伸ばしていたせいで、稼ぎは右肩下がりになっていった。

「ルフィグループも一時期は〝特殊詐欺界の新星〟のごとく荒稼ぎしたけど、だんだんとアガリは減っていき、ＪＰドラゴンに対するカスリもキツくなっていった。窮地に陥った今村たちが考えて始めたのがタタキ（強盗）だった。リスト上ではカネがあることはわかっているが、詐欺には引っかからない家を狙っていったんだ」（Ａ）

貧すれば鈍する。強盗は「苦肉の策」だったのか。

「特殊詐欺の番頭連中の頭を一度はかすめるのがタタキだ。しかし、それには手を出さない。暗黙の了解として人を殺めてしまったら、警察が一気に動く。世間が許さないからだ。その結果、自分で自分の首を絞めてしまう。実際、ＪＰドラゴンもそこまでやるとは思っていなかった。事実、『狛江事件』が大々的に報じられるや、ルフィグループとの関わりを絶っている。強盗というのは頭の悪い、下の下がやることだよ」

Ａは自分の稼ぎにも影響が出た、といわんばかりの苦虫を噛み潰したような表情をする。しかし、取材者としては最後に聞かなくてはいけないことがあった。

「ルフィたちも捨て駒でしかなかったのでは？」と。

「カネに目がくらんだ若者が、安易に闇バイトに走ったのと同じく、今村たちもカネを前にタガが外れ、凶悪犯罪に手を染めた。その結果、見捨てられた。捕まって刑務所に入った若者たちと、なんら変わらないのでは？」

そこまで言うとＡは机の上に広げた書類をしまい、そそくさと帰り支度を始めた。

予想通りの答えだった。しかし、取材者として最後に確認せねばならないことがある。

「どこまでなら、あなたに迷惑が掛からないんでしょう？」

Ａは「フフッ」と笑いこう言った。

「今話したことは全て書いていい。本当の上にいる者はルフィたちとは違って、簡単に足がつくようなヘマは打たない。どうせたどり着けやしないよ」

あとがき

２０２４年1月、本書の原稿と苦闘する日々が続いていた最中、２つのニュースが立て続けに報じられた。

フィリピンを拠点に日本人高齢者を狙った特殊詐欺事件に関与したとして、神奈川県警は30日、20～30代の日本人の男8人を日本に移送し、詐欺未遂容疑で逮捕した（時事通信社　1月30日付）

カンボジアを拠点とした特殊詐欺に関わったとして、埼玉県警は31日、職業不詳武田祥太容疑者（27）ら日本人の男3人を同国から航空機で日本に移送し、詐欺容疑で逮捕した。（時事通信　1月31日付）

これらは、いずれも一連の「ルフィ」事件とは別のものである。それは、世間の耳目を集め、警察当局を〝本気〟にさせ、検挙にまで至った「ルフィグループ」が所詮、氷山の一角でしかなかったという事実を浮き彫りにさせた。しかし､それは「ルフィの子」を追った1年近くに及ぶ取材の中で、取材班が肌感覚として感じていたことを再認識しただけで、驚きはなかった。

２０１９年以降、タイ、フィリピン、カンボジア、ベトナムの4か国で9つのグループが摘発され、日本の警察が検挙したのは１２０人を超える。なぜ、これほどの有象無象のグループが表層に現れては、なんのためらいもなく犯罪に突き進んでいったのか。それは本書のテーマでもあるが、要因のひとつはグループの結託を生んだ「闇バイト」の存在にほかならないだろう。逡巡することなく闇バイトに応募し、グループの手足となった若者がグループを肥大化し、そして凶悪化させていった。

一方で、そうした若者のリクルートの部分で「ルフィ」たちは特別なことをしていたわけではない。せいぜいＳＮＳを駆使し「日給１００万円」「捕まることはない」などと甘言を弄しただけなのだ。それだけであれほどの巨大な組織を築きあげていったのだ。つまり、誰でも簡単にグループを組織できる土壌が今の日本にはあることを意味している。

こうした事態に警察も、闇バイトを駆使したグループを「匿名・流動型犯罪グループ」

通称「トクリュウ」と呼び、壊滅を目指すと大号令をかけている。しかし、「オレオレ詐欺」から派生した特殊詐欺が20年経ち、「ルフィ」らを生んだように、特殊詐欺グループが一網打尽にされると考えるのは現実的ではない。現に一連の報道で「闇バイト」という言葉が流行語大賞にノミネートされるほど知名度を得たため、若者のみならず中高年もスマホを片手に闇バイト情報を貪るようになった。50代以上の逮捕者が昨年の春以降、相次いでいる現実。闇バイトの応募者の裾野は着実に広がり、深化しているのだ。

しかし、筆者は闇バイトに手を出した男、女を取材するなかで、ある種の希望を持つ場面もあった。昨今、事件加害者に対する取材は厳しさを増す傾向にあるのだが、この闇バイトに加担した人間に対する取材はさほどシビアさを感じなかったのだ。それは、いかに知人とはいえ、闇バイトに加担した人間に対する「怒り」を多くの人が共有していたからだ。そうした正義感が犯罪抑止においてどのような役割を担うのかはわからない。しかし、卑劣な犯罪を許さない、といった世論が間違いなく社会的に形成されつつある。

警察は、今後「トクリュウ」の摘発に本腰を入れることになるだろう。「ルフィ」らグループの背後には、いまだ姿を見せぬ何者かがいると、我々取材班と同じ感覚を持ち合わせているはずだ。

終章で取り上げた、闇社会を知るAの話からも、それがおぼろげながら見えてきたが、姿を見せぬ何者かは、ルフィたちとは比べ物にならないほど巨大で、さらに狡猾だということもわかった。

しかし、「ルフィ」という日本の犯罪史に残る、凶悪な組織が幹部らの逮捕で〝壊滅〟に至ったことには間違いない。だが、それを指示した「黒幕」には捜査機関も現時点でたどり着けていないのもまた事実なのだ。

ほとぼりが冷めると、新たな「ルフィ」が現れ、闇バイトで従えた若者たちを使った別の方法で私たちを毒牙にかけるに違いない。そうしたことが再び起きないよう、本書がなにかしらの警鐘となれば幸いである。

2024年2月

週刊SPA!編集部 特殊詐欺取材班

扶桑社新書 489

「ルフィ」の子どもたち

発行日 2024年3月1日　初版第1刷発行

著　　者………週刊SPA!編集部 特殊詐欺取材班
発 行 者………小池英彦
発 行 所………株式会社 扶桑社
〒105-8070
東京都港区芝浦1-1-1 浜松町ビルディング
電話 03-6368-8875（編集）
03-6368-8891（郵便室）
www.fusosha.co.jp

カバーデザイン・DTP………小田光美（OFFICE MAPLE）
校　　閲………小西義之
編　　集………遠藤修哉（週刊SPA!編集部）
印刷・製本………株式会社 広済堂ネクスト

Printed in Japan　ISBN 978-4-594-09601-4